art de cuisine

Christian Heumader

*Maître de Cuisine
im Feinschmeckerrestaurant
»Die Posthalterei«
Romantik Hotel Sächsischer Hof
Meiningen*

Herausgegeben und fotografiert
von Matthias Kaiser
im Verlag *art de cuisine*, Erfurt

Inhalt

Einleitung

Christian Heumader: Mein Kochbuch – ein Traum geht in Erfüllung **5**
Peter Henzel: Vorwort **7**
Matthias Kaiser: Vorwort **8**
Prof. Alfred Erck: 200 Jahre »Sächsischer Hof« in Meiningen **12**

Willkommen in der »Posthalterei« 30

Vorspeisen

Spargel mit Maipilzen **36**
Spargel-Gemüsesalat mit Wachtelei **37**
Salat von Meeresfrüchten mit Tricolore-Bandnudeln **41**
Kräuter und Salate **44**
Träumereien an einem Frühlingstag **44**
Herstellung von Kräuter- und Blütenessig **48**
Frühlingskräutersalat mit Hummer und Hummerroulade **50**
Entensülzchen mit Himbeervinaigrette **52**
Galantine von der Gans **54**
Kaisergranat mit Avocadopüree und gefüllte Frühlingsrolle **56**
Ikarimi-Lachs mit seinem Kaviar **58**
Sülzchen vom Lachs mit Bachkrebsen **60**
Sushivariationen vom Thun **62**

Zwischengerichte und Suppen

Kalbskopfragout mit Gurkenspaghetti und Möhren-Ingwer-Curry-Suppe **68**
Bärlauchsüppchen mit Bachkrebsen **70**
Grünes Erbsensüppchen **72**
Hobelkäsesüppchen und Kaninchenspieß im Sesammantel **74**
Steinpilzsüppchen mit Petersilienknödel **76**
Lauwarmer Pastasalat · Rotbarbe mit St. Jakobsmuschel und gefülltes Nudelblatt **78**
Royal von Bachkrebsen **80**
Bouillabaise von Atlantikfischen **82**
Curry vom Hummer und St. Jakobsmuschel **84**

Hauptgerichte

Kalbstafelspitz mit Suppengemüse **88**
Gefüllter Kalbsschwanz auf Maispolenta **90**
Variation von der Taube und Feldhase in Morchelessenz **92**
Gefüllte Taubenbrust und Gänseleberparfait mit Muscadogelee **93**
Rehrücken im Nussbiskuit in Ginsoße mit Birnenkartoffel **100**
Lammrücken auf Gemüsemosaik und gefülltes Tortellini mit Lammragout **102**
Fischeinkauf und Verarbeitung in der Küche **106**
Sauté von Rotbarben, Froschschenkel, Langustinen und Hummer im Melonen-Pfefferschaum **108**
Steinbutt in Limetten-Chilisoße und lauwarmes Bachkrebsgelee · gebackenes Gemüsesushi **110**
Wolfsbarsch mit Erdnussreis **112**
Lauwarmer Hummer und Hummer im Zucchinimantel · Vierfreudenravioli **114**
Weihnachtliches Pot au feu von Stubenküken **116**
Verarbeitung: Meerestiere und Muscheln **118**

Willkommen in der »Kutscherstube« 120

Thüringische und niederbayrische Gerichte

Gänsebraten à la Gastkoch Matthias Kaiser **126**
Spargel nach Art der Landsleute **128**
Feldhasenpfeffer mit Semmelknödel **130**
Gefüllte Kalbsrouladen **132**
Schlachtschüssel mit Leber- und Blutwürstchen **134**
Schulterkrustenbraten vom Spanferkel **136**
Niederbayrische Bauernente mit Dörrobstsemmelfüllung **138**
Zwetschgendatschi mit Vanillesahne **142**
Schwarzbrot »De los Musicos« **144**
Zwetschgen-Holunderkompott mit gebackenen Pavesen und glacierten Birnen **146**
Der feine altdeutsche Apfelkuchen **148**

Dessert

Aprikosensülzchen **152**
Mandelkrokant mit Walderdbeeren **155**
Mandelkrustel und Nougatcreme **155**
Gefüllte Schokoladenträne und weißes Schokoladenmousse **156**
Variationen von der Wald- und Gartenerdbeere **158**
Schokoladenstrudel mit Nüssen, Punschsabayon und Vanilleeis **162**
Topfenknödel und Aprikosen · Tonkabohneneis **164**

Anhang 174

Mein Kochbuch – ein Traum geht in Erfüllung

Schon von Kindesbeinen an war ich von der Welt der Küche fasziniert. Meine Mutter lacht noch heute darüber, wie ich als kleiner Knirps andächtig den Koryphäen der Kochkunst im Fernsehen förmlich jedes Wort von den Lippen ablas. Sogar bei den Faschingsfeiern im Kindergarten verkleidete ich mich so selbstverständlich als Koch und trug dabei eine solche Ernsthaftigkeit zur Schau, als wäre ich schon ein ausgebuffter Profi.

Später dann, als ich meine Lehre im Kurhotel »Zink« in Bad Füssing absolviert hatte, infizierte mich Maurice Schnebelen im Landgasthof »Karner« im oberbayerischen Frasdorf endgültig mit dem Virus der »Neuen Deutschen Küche«.

Als ich später auf Seminaren die Perfektion eines Dieter Müller, die handwerklichen Fähigkeiten eines Jörg Müller und die mediterranen Phantasien eines Heinz Beck bewundern durfte, fühlte ich mich endgültig zu Hause angekommen.

Seit zehn Jahren nun habe ich im »Sächsischen Hof« in Meiningen auch jenen Ort gefunden, an dem ich meine Idee von der leichten Kräuterküche, basierend auf den klassischen Grundsätzen eines Auguste Escoffier, umsetzen kann.

Dafür danke ich im Besonderen meinem Patron Peter Henzel, der mich lehrte, meine Kreativität mit Wirtschaftlichkeit zu verbinden. Sein Wahlspruch: »Lange genug gut sein, ist die Voraussetzung für Erfolg« ist mir in all den Jahren Ansporn und Verpflichtung gewesen, die Gäste in der »Posthalterei« und in der »Kutscherstube« so zu verwöhnen, dass sie sich wie zu Hause fühlen.

Christian Hermader

Das Romantik Hotel »Sächsischer Hof« in Meiningen

Vorwort

Peter Henzel

Als ich 1996 zum ersten Mal in der Theaterstadt Meiningen vor dem mittlerweile über 200 Jahre alten traditionsreichen »Sächsischen Hof« stand, erlag ich sofort seinem Charme. Ich war entschlossen, dem schönen historischen Gasthof, der ehemals auch Fürstlich Thurn und Taxissche Poststation war, wieder seinen alten Glanz zu verleihen. Heute ist das »Romantik Hotel Sächsischer Hof« mit seinem Gourmetrestaurant »Die Posthalterei« weit über die gastronomischen Grenzen Thüringens hinaus bekannt.

Diesen Erfolg habe ich neben vielen fleißigen Mitarbeitern auch dem Meisterkoch Christian Heumader zu verdanken. Er hatte sich gerade einen Michelin-Stern erkocht und steckte voller Tatendrang, als er zu uns kam. Seine Kochkunst hat wesentlich dazu beigetragen, die Gastronomie zu einem wichtigen Marketingsegment meines Hauses werden zu lassen. Gäste und Gourmetführer wissen Christian Heumaders kreatives Gespür und seine handwerkliche Souveränität zu schätzen. Sein 10-jähriges Jubiläum, das er im letzten Jahr als Chefkoch der »Posthalterei« feiern konnte, ist für mich deshalb der willkommene Anlass, ihm als Zeichen meiner Dankbarkeit dieses Buch zu widmen.

Der Blick in fremde Kochtöpfe ist immer eine Bereicherung. Das findet auch Christian Heumader, der selbst fast jedes Jahr bei einem Sternekoch einen Meisterkurs absolviert, um dort kreativ aufzutanken. Alfons Schuhbeck, Jörg Müller, Dieter Müller und Heinz Beck waren Stationen auf der Suche zum eigenen Stil. Mit diesem wunderschön ausgestatteten Band haben Sie, liebe Leserinnen und Leser, die Möglichkeit, ihm auf die Finger und in die Töpfe zu schauen. Tanken auch Sie kreativ auf!

Christian Heumader lädt Sie zu einer kulinarischen Reise ein, die immer dort Station macht, wo die saisonale Küche ihre besonderen Reize offenbart. Durch seine unbändige Lust am Neuen und einen Elan, der von so gegensätzlichen Elementen wie der mediterranen und der fernöstlichen Küche inspiriert wird, aber durch die klassische Schule immer wieder seine vollendete Form findet, bietet er Ihnen weitaus mehr, als nur eine Sammlung seiner Rezepte. Er zeigt Ihnen, was man alles aus der wechselnden Vielfalt der Jahreszeiten zaubern kann – wenn man weiß, wie es geht! Dabei fehlt es nicht an Witz und an der Freude am scheinbar Unvereinbaren.

Die herrlichen Düfte, die Christian Heumaders Kreationen begleiten, können wir für Sie leider nicht in diesem Band festhalten. Aber dafür werden Sie von Matthias Kaiser mit so exzellenten Bildern entschädigt, dass das Buch ein richtiger Augenschmaus geworden ist. Und mit seinen eingängigen Texten steht der erfolgreichen Umsetzung am eigenen Herd nichts mehr im Wege. Ohne das Multitalent Kaiser – Schriftsteller, Gastrokritiker, Koch und Fotograf – hätte das Buch nicht in dieser gelungenen Form erscheinen können. Ihm danke ich für sein Engagement ganz herzlich.

Blicken Sie unserem Maître de Cuisine nicht nur über die Schulter, seien Sie auch neugierig! Erfreuen Sie sich und Ihre Gäste mit neuen verführerischen Aromen und aufregenden Kombinationen aus der »Vier-Jahreszeiten-Küche« in der Tradition gehobener Kochkunst. Viel Spaß und bon courage!

Ihr

Vorwort

Matthias Kaiser

Was neben gutem Essen blieb, sind gute Freunde

Oft sind es die unscheinbaren Begegnungen, die unserem Leben eine unerwartete Wendung geben und auf Jahre hinaus unser Handeln beeinflussen.

Eine solche Begegnung widerfuhr mir in der Adventszeit des Jahres 2003, als ich zum ersten Mal die Tür zum Café des Hotels »Sächsischer Hof« in Meiningen öffnete. Der unwiderstehliche Duft frischen Kuchens, der mir entgegenschlug, raubte mir Sinne, was sicherlich dem Umstand geschuldet war, dass ich Diabetiker bin.

Mein Zahn tropfte so sehr, dass ich kaum widerstehen konnte und ich fühlte mich für wenige Momente so hilflos und benommen, wie ein Kind, das heimlich über die Eierlikörflasche seiner Mutter hergefallen war und kurz darauf Karussell fuhr, ohne einen Rummelplatz aufgesucht zu haben.

Mit dem Wissen, dass Hotelier Peter Henzel an jenem Tag nicht im Hause weilte, dem ich auf einer Veranstaltung der Chaîne de Rôtisseurs einmal vorgestellt wurde, er mich also kannte, hatte ich vor, für meine wöchentliche Kolumne in den Zeitungen der Zeitungsgruppe Thüringen das Gourmetrestaurant »Posthalterei« im Hause zu testen.

Und so will ich Sie auch nicht, wie sonst am Anfang mit Histörchen und Prognosen quälen, gar mit Eitel- und Befindlichkeiten unterhalten. Nein, ich will Ihnen eine Begegnung schildern, die sich nicht nur spannend liest, sondern auch wahr ist. Vergessen Sie diesmal einfach die von mir oft zitierte Aufforderung zu prüfen, ob eine Story wahr oder unwahr ist, weil uns einfach zu wenig Zeit auf der Erde bleibt, um schlechten Geschichten zu lauschen.

Hier, im »Sächsischen Hof« in Meiningen, widerfuhr mir nämlich plötzlich an jenem grauen Dezembersonntag nicht nur eine wahre, sondern auch so unerwartete Begegnung, wie ich sie eingangs schilderte und die wesentlichen Einfluss auf mein weiteres Handeln haben sollte:

Kaum fassbar, aber ich traf dort unvermutet einen guten alten Freund wieder, von dem ich glaubte, er wäre tot und es gäbe ihn nicht mehr. Letztmalig war ich ihm vor knapp 43 Jahren am Herd meiner Großmutter Nelly, einer begnadeten Köchin, begegnet. Sein Einfluss auf mich war schon damals so gewaltig, dass ich ihn auch über diesen langen Zeitraum hinweg nie vergessen hatte. Wie oft ich seinen Verlust bedauert habe, kann ich gar nicht mehr zählen. Ich habe ihn wirklich schmerzlich vermisst. Er ging damals wortlos mit meiner Großmutter, die den frühen Tod der Lebenslust erlitt und ich glaubte, er gehöre zu ihr, wie ihr ebenholzschwarzes Haar und die wohlige Wärme ihres stattlichen Körpers, an dem ich so oft als Knabe Schutz gesucht hatte.

Plötzlich stand er im »Sächsischen Hof« Meiningen wieder neben mir, sagte so en passant »Hallo«, als hätte er nur einen Spaziergang gemacht, nicht ahnend, was seine Abwesenheit in meinem Herzen für Kummer und Sehnsucht hinterlassen hatte. Deshalb werde ich ihn mit beiden Händen halten, nie mehr loslassen, ihn stolz herumreichen und meinen Freunden vorstellen, um ihn keinesfalls wie früher in gedankenlosem jugendlichen Leichtsinn wieder zu verlieren:

Ich traf den »Guten Geschmack«.

Er kam beim »Zweierlei vom Weiderind mit Schmorschulter und Filet« als konzentrierte Déglaçage. Ein karamellisierter Genuss: geduldig über Tage reduziert, abgelöscht mit Cognac und würzigem Madeira, ständig mit einer Grand Jus vom Kalb und Eiswürfeln wieder aufgefüllt und unter zurückhaltender Zugabe von Gewürzen zur endgültigen Delikatesse mit eiskalten Butterflöckchen montiert. Die Frage war nur: Wie zum Teufel kam der »Gute Geschmack« gerade hierher? Hat er sich in der Provinz verlaufen? Meiningen? Was war doch gleich mit Meiningen?

Fragen über Fragen. Erlauben Sie deshalb, dass ich ein wenig am Rad der Geschichte drehe...

Deutschland in der Epoche des Sturm und Drang

Wer kennt sie nicht, die groteske Szene aus dem Deutschland der Kleinstaaterei, wenn der despotische Landesfürst den jugendlich-revolutionären und nicht selten poetischen Widersacher mit ausgestreckter Hand des Landes verweist und ihm für die meist wenigen Kilometer bis zur Grenze großspurig eine 24-Stunden-Frist gewährt.

Das Herzogtum Sachsen-Meiningen war sicherlich auch einer dieser Kleinstaaten, aber gegen Ende des 18. Jahrhunderts waren es hier einmal nicht die potenziellen Revoluzzer mit der spitzen Feder, die für frischen Wind sorgten, sondern die Herren Herzöge aus dem Hause der Wettiner selbst. Im Geiste Jean Jacques Rousseaus erzogen, drängte es die herzoglichen Brüder August-Friederich (1754–1782) und Georg I. (1761–1803) »zurück zur Natur«, und sie räumten auf in den Köpfen ihrer Meininger Untertanen.

In jene Zeit fällt der erste Spatenstich für den Bau des »Sächsischen Hofs«, liebevoll im Volksmund nur »Sächser« genannt, der nicht nur der Nähe zum englischen Garten wegen ein Kleinod romantischer, mitteldeutscher Hotelbaukunst mit angelsächsischem Flair ist. Dieser Stallgeruch nach Empire,

großer weiter Welt und Kriegsveteranen-Lehnstuhlromantik wurde glücklicherweise auch durch die ständigen Eingriffe in die Bausubstanz des Gebäudes nicht vernichtet und bildet neben der derzeitigen hervorragenden Bewirtung den eigentlichen Schatz des Hauses.

Eine wechselvolle Geschichte begleitete das imposante Hotel, das nach seiner Fertigstellung 1802 naturgemäß als standesgemäße Unterkunft für die Gäste des Fürstenhauses reserviert war und viele der prominenten Künstler, wie Johannes Brahms, aber auch Theaterkoryphäen wie Hans von Bülow, mit deren Hilfe der kunstsinnige Georg II. dem Theater- und Orchesterstandort Meiningen zu Weltruhm verhalf, logierten im »Sächser«.

Nach dem Zweiten Weltkrieg, nach anfänglicher Besatzung durch sowjetisches Militär, stand die Öffentlichkeit plötzlich vor verschlossenen Türen, denn die SED brachte ihre Bezirksparteischule im historischen Gemäuer unter. Letztendlich war es dem ehemaligen Außenminister der DDR, Otto Winzer, zu verdanken, der diesem Frevel ein Ende setzte und nach seiner Intervention musste die HO 1955 den Gasthof wieder für jedermann zugängig machen.

In der Nachwendezeit bekam dann die Familie Sawade aus Bayern die stark renovierungsbedürftige Immobilie von der Treuhand zugesprochen, doch trotz aller Energie und allen Engagements musste sie 1996 die weiße Fahne hissen und sich den Gesetzmäßigkeiten der freien Marktwirtschaft ergeben. Es begann die Ära des Peter Henzel, der mit seinem feinsinnigen Gespür für Kunst und Kultur im »Sächser« einen Treffpunkt für Freunde anspruchsvoller Gastronomie und Sachwalter künstlerischer Traditionen aus der Taufe hob. Eigentlich ist der coole sechzigjährige Hotelfachmann, der so gern Motorrad fährt und der seit über zwanzig Jahren eine der ungewöhnlichsten und glücklichsten Lebensgemeinschaften mit seiner in Coburg lebenden und ebenfalls als Hotelchefin arbeitenden Partnerin Gisela praktiziert, überhaupt nicht mehr aus Meiningen wegzudenken.

Der Mittelstands-Oskar, verliehen 2000, war dabei nur die herausragendste Belohnung für den nie rastenden Hotelier, der, wenn er einem gegenübersteht, wie ein schüchterner Lausbub wirkt, der aber beim Einrichten und Sanieren selbst mit Hand anlegte, als wäre er ein Möbelpacker. Dabei steht dem in der Welt herumgekommenen gelernten Koch Henzel (dem ich wegen seiner Zartgliedrigkeit gar nicht zutrauen kann, dass er je mit einem Fleischklopfer ein Kotelett bearbeitet hat) mit dem vor zehn Jahren aus Niederbayern zugewanderten Christian Heumader ein feinsinniger und erfahrener Küchenmeister, in dem das glühende Feuer eines Vollblutkochs lodert, zur Seite. Dieser naturbelassene Bursche, der bei Meister Karner im bayerischen Frasdorf als Sous-Chef schon einen Michelin-Stern mit erkochte, zieht am Herd alle Register seines Könnens. In der »Schenke« schiebt er knusprige Schweinsbraten und serviert sie mit herzhaften Hütes (Thüringer Klöße der Rhön). Die samtweich gekochte Ochsenbrust mit harmonisch-spritziger Meerrettichsoße und den viel zu wenig beachteten Mangold findet man ebenso auf seiner Speisekarte.

Wenige Wochen vorher fand der Besuch in der »Posthalterei« statt, den ich im Prolog schon beschrieb und den ich nahtlos in die großen Erlebnisse meines Lebens eingliedere.

Die Karte ist nicht gespickt mit hochtrabenden Kreationen, sondern besticht mit der Art und Weise, wie Christian Heumader Traditionelles aus seiner Sicht auf den Tisch zaubert.

Als er damals so neben mir stand, ahnte ich noch nicht, dass dieses kleine blonde Kerlchen mit dem Hang zur Filigranität einmal einer meiner wenigen wirklich guten Freunde werden wird. Einer, der mit Blüten zaubert, Gedichte liest und doch in der Lage ist, über alle Kunstfertigkeit hinaus, auch ganze Busladungen so zu verköstigen und zu verwöhnen, als wäre jeder Einzelne sein ganz privater Ehrengast.

Er vereint dabei Eigenschaften in seiner Person, die eigentlich gar nicht zusammenpassen wollen. Er ist still und introvertiert, wie viele Niederbayern, kann aber auf eine fast unheimliche Art ruppig sein, ohne dabei laut zu werden. Er mischt nicht nur seine Köche auf, sondern ist auch schärfster Kritiker des eigenen Services, der Mühe hat, mit seinen kulinarischen Sturmläufen Schritt zu halten. Er freut sich über die Reinheit seiner selbst im Garten gezogenen Kräuter und Blüten und zeigt wenige Augenblicke später seinen Lehrlingen handfestes Zupacken. Er ist Künstler und Handwerker ... und mittlerweile eben mehr als nur mein guter Freund, sondern Teil meines Lebens. Einer, der sich aufreiben kann, wenn es an nötiger Perfektion fehlt und der geduldig über Monate hinweg Speise um Speise anrichtete, damit ich sie fotografieren konnte. Er ließ sogar meine eigenwilligen Eingriffe auf den Schautellern zu und stöhnte verzweifelt, weil er meinte, ich kratze an seinem Credo. Aus »Rache« nennt er mich seit ein paar Jahren »Mutti«, in Anlehnung an die – zugegeben schlechte Angewohnheit –, so meine Ehefrau Martina zu rufen.

In meinen Augen ist Christian Heumader einer der wenigen wirklich perfekten Köche, der den Spagat zwischen kulturvollem Kochen und Kommerz perfekt beherrscht; einer, so bin ich überzeugt, der die »Gelben Seiten« zu kochen imstande wäre und dabei die Telefonnummern zum Träumen bringen würde.

Matthias Kaiser

200 Jahre »Sächsischer Hof« in Meiningen

Prof. Alfred Erck

Der »Sächsische Hof« ist seit seiner Errichtung das erste Haus in Meiningen. Im Unterschied zu den schon früher existierenden Gast- und Logierhäusern, wie dem »Hirsch«, dem »Roten Löwen«, der »Meise«, wurde er mit den Mitteln der herzoglichen Kammer errichtet und diente während seiner ersten hundert Jahre in besonderer Weise der fürstlichen Familie, den Hof- und Staatsbedürfnissen des Herzogtums Sachsen-Meiningen und dessen Residenzstadt.

Meiningen ist vor allem als Theaterstadt sowie als Bankenmetropole in die Kultur- und Wirtschaftsgeschichte eingegangen. Darüber hinaus beherbergte es bis 1990 immer eine große Garnison. Infolgedessen sind es hauptsächlich gekrönte Häupter, deren Anverwandte und Bedienstete, Diplomaten, höhere Verwaltungsbeamte, Künstler und Liebhaber der Künste, auch Bankiers und Militärs gewesen, die im »Sächsischen Hof« speisten und tranken, feierten und nächtigten.

Doch hat sich das Leistungsangebot dieses Hauses von allem Anfang an nicht am Restaurant- und Hotelbetrieb erschöpft. Nach dem Willen des den Idealen der Aufklärung verpflichteten Georgs I. sollte das von ihm finanzierte Gebäude der »freundlichen Begegnung« (Goethe) gebildeter Menschen dienen, Theater- und Konzertaufführungen ermöglichen. Über allen Wechsel der fünf Zeiten hinweg haben die Pächter oder Eigentümer des »Sächsischen Hof« sich darum bemüht, in ihrem Hotel den Musen ein Refugium einzuräumen.

Weil Meiningen an der Kreuzung sehr alter Verkehrswege liegt und beizeiten zu einem Knotenpunkt des Eisenbahnwesens ausgebaut wurde, dazu hundert Jahre lang als Sitz von Großbanken fungierte, dienten die Gesellschaftszimmer des »Sächsischen Hofs« immer wieder den Vorständen von Bahn- und Aktiengesellschaften zu Konferenzzwecken. Manche weit reichende Entscheidung im Wirtschaftsleben der Region, ja Deutschlands, wurde hier gefällt. Zudem hatte die Post 75 Jahre lang ihr Domizil in diesem Gebäude.

Im Verlaufe seiner 200-jährigen Geschichte erfüllte der »Sächsische Hof« also mannigfaltige Funktionen gleichzeitig. Er ist stets dem Geist seiner Zeit verpflichtet gewesen und spiegelte ihn – wie in einem Brennglas fokussiert – wider. Deshalb musste er sich aber auch viele Um-, Aus- und Anbauten gefallen lassen. Kulturelle Ansprüche, die praktischen Bedürfnisse der von ferne angereisten Gäste und der einheimischen Bürger waren mit den Erfordernissen der Wirtschaftlichkeit zu vereinen. Solches gelang den Betreibern des Hauses in Abhängigkeit von den Zeitläufen und ihrem eigenen Geschick einmal besser, dann wieder etwas weniger gut. Doch von den wohl weit über fünf Millionen zählenden Besuchern haben die meisten im »Sächsischen Hof« eben doch gute Stunden verbracht.

Zur Entstehungsgeschichte des »Sächsischen Hofs« – 1796/97 bis 1802

Über die Gründe, wie über den Zeitpunkt der Errichtung des »Sächsischen Hof« streiten sich die Gelehrten noch. Manche gehen davon aus, dass man ursprünglich den Bau einer Kaserne beabsichtigte. Dafür mögen die damals unruhigen Zeiten sprechen. Napoleons General Jourdan stand mit seiner Armee im nahen Schweinfurt, und Meiningens Herrscher – mit Carl August und mit Goethe befreundet – unterstützte deren Krisenmanagement, jenen oft zitierten »Frieden von Weimar«, indem er durch Bestechung der Feldherrn die feindlichen Truppen vom Überschreiten der Landesgrenzen zurückhielt. Auch fand sich der Bauplatz vor dem Unteren Tor an jener Stelle, an der sich zuvor eine verschobene Bastion der Stadt befunden hatte. 1673 war sie von Ernst dem Frommen angelegt worden, 1782 hatte man damit begonnen, Ravelin wieder zu schleifen.

Aber an der Kasernenversion müssen Zweifel angemeldet werden. Denn weder aus der herzoglichen Kriegskasse flossen Gelder zu diesem Bau, noch finden sich in den Akten wirkliche Belege für eine solche Absicht. Weitaus plausibler erscheint es, dass der Fürst und seine Gemahlin Luise Eleonore nach dem Abriss des Redoutenhauses im »Englischen Garten« darauf sannen, einen Ersatzbau zu schaffen, in dem Maskeraden und Bälle, Konzerte für die bessere Gesellschaft veranstaltet werden konnten.

»Sächsischer Hof«, 1802

Der Monarch hatte überdies 1796 die Gründung einer Casinogesellschaft angeregt, die dem »geselligen Verkehr der gebildeten Stände« dienen, die Lektüre von Journalen bei »Chocolade, Thee, Caffee &&&« ermöglichen und das »Balletiren der Herrn und Damens« gewährleisten, auch die Durchführung sinfonischer Konzerte sichern sollte. Als Georg I. 1803 gestorben war, hat seine Witwe als regierende Herzogin dann 1810 entschieden, dass »alle Monate im Saale des Sächsischen Hofes ein großes Concert« der Hofkapelle und ein Casino-Ball abzuhalten seien. Zu derartigen Zwecken war von allem Anfang an ein großer Saal in dem neuen Hause projektiert worden. Verbunden mit dem Angebot von Übernachtungen hoffte man auf eine angemessene Rentabilität der Unternehmung.

Wer die Entwürfe zu dem »neuen Gebäude vor dem untern Thor« – wie das Haus anfänglich umschrieben wurde – gefertigt hat, ist noch ungeklärt. Die ersten, sich mit hoher Wahrscheinlichkeit auf den »Sächsischen Hof« beziehenden Urkunden stammen von dem Hofzimmermann J. C. F. Gorr und datieren ab dem 1. Mai 1798. Ihnen ist zu entnehmen, dass Gorr gemäß einer »gefertigten Zeichnung« noch für 2270 Reichstaler Zimmermannsarbeiten an diesem Gebäude auszuführen hatte. Dabei beliefen sich die Kosten für Leistungen in dem »schon stehenden vordern Gebäude« nur auf 68 Taler, der größere Anteil auf die Nebengelasse. Also war zu jenem Zeitpunkt der Hauptteil der Baumaßnahme schon vollendet. Infolgedessen steht fest, dass man zumindestens 1797 mit der Errichtung des Hauses begonnen hatte. Der herzogliche Bauinspektor Johannes Feer kommt somit als Architekt nicht in Frage, denn er trat erst zum 13. Dezember 1798 seinen Dienst in Meiningen an. Da nach Kammerrechnungen auf das Jahr 1796/97 ein »Baumeister Rameé aus Frankreich dermahlen in Erfurth« aus der Hofkasse 66 Reichstaler »für gefertigte Riße« ausbezahlt erhielt, könnte er den Hauptbau des »Sächsischen Hofs« entworfen haben.

In dem Pächter Wilhelm Bärenz fand sich ein Mann, der bereit war, sich mit höchster Gunst auf die Führung eines derartig vielfältigen Geschäftes einzulassen. In dem Maße wie Teile, der schlichte Bau, mit dem seinerzeit zweigeschossigen Westflügel als Mittelbau nach der heutigen Georgstraße hin, der Nordfront (Marienstraße) und der Südfront (zum Mühlgraben zu), der Remise, dem Pferde- und Schweinestalle in Richtung Osten, fertig gestellt waren, wurden sie sogleich in Nutzung genommen. In der lokalen Presse machte Bärenz am 5. Dezember 1801 bekannt, dass am 9. d. M. »im großen Concertsaale als 5 Uhr Ball gehalten« werde, »das Entree für Herrn mit 45 Xr., für Damens 22 Xr.« Am 13. Februar 1802 erschien dann in den »Meiningischen wöchentlichen Anfragen und Nachrichten« die stolze Anzeige: »Da nunmehr der statt des ehemaligen allhiesigen Gartenwirthshauses erbaute Gasthof, der Sächsische Hof genannt, vor dem unteren Thor allhier dazu eingerichtet ist, daß fremde Passagiere und Fuhrleute daselbst logiren können, so empfiilt sich Endesgesetzter, als damaliger Pachtswirth, allen hier durchkommenden Fremden aufs beste und sichert ihnen alle möglichst gute Bewirthung und Bedienung zu. Meiningen, am 10. Februar 1802 Wilhelm Bärenz.« Damit war der »Sächsische Hof« (der vermutlich diesen Namen bekam, weil sich seiner Zeit die Meininger Regenten noch »Herzöge von Sachsen« titulierten) ins Leben der kleinen Residenzstadt eingetreten.

Kultur und Gasthaus in einem – 1802 bis 1822

Während seiner ersten Dezennien ist der »Sächsische Hof« in bemerkenswerter Weise seinen vielfältigen Bestimmungen gerecht geworden. Schwedische Könige und französische Marschälle, Offiziere aus Spanien wie aus Russland ruhten unter seinem Dach. Diplomaten der europäischen Großmächte verhandelten in seinen Zimmern, und das muntere Völkchen der Künstler hielt seinen Einzug. Da die Herzogin Luise Eleonore eine enthusiastische Theaterfreundin gewesen ist und auch den Besuch der Konzerte ihrer trefflichen Hofkapelle sehr schätzte, jedoch über kein eigenes Bühnenhaus verfügte, wurden die Vorstellungen der reisenden Truppen in den Saal des »Sächsischen Hofs« gelegt. Für sie selbst, den Erbprinzen Bernhard sowie für fürstliche Anverwandte hatten die Hofzimmerleute und -maler jeweils eine Loge in den großen Saal einzubauen. Mozarts Opern und Schillers Dramen kamen hier zur Aufführung. 1821/22 bekam der Wirt für jeden der 51 Tage, an denen in zwei Stuben des Hauses das Theaterinventar gestanden hatte, einen Gulden als Entschädigung aus der Hofkasse.

Im Dezember und Januar eines jeden Jahres wurden »drey Redouten« abgehalten, zu denen der Wirt »Tabarros und Gesichtsmaquen zu billigen Preisen« anbot, auch mit seinem Wagen »gegen 36 Xr. Für 4 personen« das Abholen und Heimfahren bewerkstelligte. Weil bei den Maskenbällen nach dem Ende der Napoleonischen Kriege zu vorgerückter Stunde mitunter über die Stränge geschlagen wurde, sah sich Bärenz wiederholt genötigt, in der Zeitung um »artiges gesittetes Betragen« seiner Gäste nachzusuchen.

Pro Saison fanden vier, spätestens ab 1810 dann sechs Abonnementskonzerte der Hofkapelle – primär für die Mitglieder der Casinogesellschaft – im Hause statt. Diese Regelung hat Bernhard II. bei seinem Regierungsantritt 1821 noch einmal bestätigt. Die Meininger Herrscher resp. Ihre Hofmarschälle sorgten dafür, dass möglichst viele »fremde Personen auf Ablöse« im »Sächsischen Hof« speisen und nächtigen. Die Familienfeiern in der herzoglichen Familie wurden mit schöner Regelmäßigkeit in dieser gastlichen Einrichtung begangen. Solche Freibälle für das Bürgertum brachten Bärenz allemal einige hundert Gulden in die Kasse.

Doch Hotellerie, Gastronomie und künstlerische Veranstaltungen allein stellten das Haus wirtschaftlich noch nicht auf sichere Füße. Deshalb hielt man Ausschau nach weiteren Nutzern der Immobilie. Die Hofverwaltung fand sie in der Post. Remise und Stallungen wurden wohl von allem Anfang an von der reitenden und fahrenden Post aus Würzburg genutzt. Bis zum Jahre 1807 lassen sich die Verhandlungen mit der Thurn- und Taxischen Generalpostdirektion zurückverfolgen. Ab 1809 unterhielt der Postverwalter Dreysigacker im »Sächsischen Hof« seine Expeditionsstube und Postkammer.

Als Bärenz 1822 den »Sächsischen Hof« aufgab, um das von ihm neu errichtete »Deutsche Haus« (anstelle des »Löwen« gebaut) zu führen, ist es eigentlich nur konsequent gewesen, dass Postmeister Giese an seine Stelle trat. Reisen und Übernachten wurden somit von einer Person angeboten. Dreysigacker versah weiterhin seine Paket- und Briefpost.

Unsichere Schritte in neue Richtungen – 1822 bis 1843

Ab 1826 bahnten sich gravierende Veränderungen im Herzogtum Meiningen und in seiner Residenzstadt an. Durch Erbfall vergrößerte sich das Staatsgebiet auf das Doppelte, ein prachtvolles Theater mit 700 Plätzen wurde 1831 eingeweiht, das Bürgertum regte sich auch in der Grenzlandschaft zwischen dem Thüringischen und dem Fränkischen. Doch der große Saal im »Sächsischen Hof« wurde fortan für Theater- und Konzertaufführungen nicht mehr benötigt. An die Stelle von Bildungsfreuden traten Unterhaltungsbedürfnisse. Darüber hinaus suchte Giese aus der Verquickung von Fuhrunternehmen und Hotel-Restaurant neue Geschäftsfelder zu erschließen. Da die Stallungen in seinem Anwesen wohl die besten in ganz Meiningen gewesen sind, da zeitweilig die abgebrannten Gebäude Marstall und Post im Spital nicht zu nutzen waren, gewöhnte man sich daran, Pferde und Wagen bei Giese unterzustellen. Sowohl die herzogliche Familie als auch die Gäste des Hotels nahmen seine Dienste in Anspruch, wenn sie auf die Schlösser Landsberg und Altenstein kutschiert werden wollten. Die Rechnungen hatte dann die Hofkasse zu begleichen.

Nachdem die Bemühungen der Casinogesellschaft um ein eigenes Gebäude gescheitert waren, verständigte sich deren Vorstand mit Bernhard II. 1825 dahingehend, dass der Verein jährlich 300 Gulden an Zinsen für ein Kapital von 7500 Gulden aufbringen wolle, um einen Anbau an den »Sächsischen Hof« als ihr Lokal zu errichten. Weil, wie stets bei Bauten, die tatsächlichen Kosten den Vorschlag überstiegen, sah sich die Hofkasse im Jahr 1825/26 auf herzoglichen Befehl hin veranlasst, außer der Reihe nicht unbeträchtliche Zuschüsse für diese Unternehmung zu gewähren. Auf Landesrechnung wurden für 238 Gulden Nachbargrundstücke erworben. So entstand nach verschiedenen Entwürfen von Bauinspektor Schaubach und Architekt Buttmann für 10.000 Gulden der Nordflügel des »Sächsischen Hofs«, der einen großen Saal mit Orchester, mehrere Gesellschaftszimmer enthielt und der über eine eigene Bewirtschaftung verfügte. Zwischen 1826 und 1833 spielte sich dann ein reges Vereinsleben in diesen Räumlichkeiten ab.

Die Meininger Marien-Straße im Jahre 1831

Doch auch die Kombination aus Hotellerie, Fuhrunternehmen und Casinogesellschaft unter Gieses Leitung scheint sich auf Dauer als nicht besonders tragfähig erwiesen zu haben. Denn ab Rechnungsjahr 1828/29 wurde der herzogliche Küchenmeister A. C. Reisse auch als Pächter des »Sächsischen Hofs« eingesetzt. Reisse, den man sich als einen recht gebildeten Mann vorzustellen hat, ist später zum Küchenchef des belgischen Königs Leopold I. avanciert. Doch vorerst hat Reisse zwar auf getrennte Rechnungen, aber doch getragen von einer einheitlichen Strategie, die Versorgung der Hofgesellschaft und der Gäste seines Hotels gesichert. So konnte es dann auch geschehen, dass bei ihren Besuchen in der Heimat der englischen Königin Adelheid der süße Malagawein jedes Mal aus dem Hotel herbeigeholt worden ist.

1833 wurde dann der Vertrag zwischen Casinogesellschaft und Reisse erweitert, um den Honoratioren Meiningens sämtliche Räumlichkeiten des »Sächsischen Hofs« für ihre Konversation, die Zeitungslektüre, für Schach- und Kartenspiel, für ausgiebige Festessen und selbstverständlich für ihre Harmoniebälle zur Verfügung zu stellen. Allerdings ist seinerzeit das Schützenhaus in Dienst genommen worden und viele Veranstaltungen fürs breite

Volk wurden dorthin verlagert. Weil das der ökonomischen Lage des »Sächsischen Hofs« einigen Abbruch tat, musste sich Reisse einiges einfallen lassen, um sein Etablissement aufzuwerten. Umbauten wurden vorgenommen, viele Räume erstmals mit Tapeten versehen, zu den Festivitäten drei Kronleuchter aus dem Schloss herbeigeholt. Als Reisse 1842 aus dem Pachtvertrag schied, wurden ihm 169 Gulden und 40 Kreuzer Entschädigung für die Verschönerungsarbeiten an dem Gasthof zugebilligt.

Die Hofverwaltung hatte sich zu jenem Zeitpunkt endgültig dazu durchgerungen, den Kostenverursacher »Sächsischer Hof« abzustoßen.

Die Zeiten des Postmeisters und Gastwirtes J. H. Kulmbacher – 1843 bis 1879

Das schon von Georg I. angemahnte Primat des Kulturellen gegenüber dem Ökonomischen hatte sich während der ersten 40 Jahre des »Sächsischen Hofs« nicht wirklich durchsetzen lassen. Auch haben die Schatulle des Monarchen und die Kasse des Hofes das Hotel nicht kontinuierlich subventioniert, wohl aber viele Umbauten finanziert. Um aus dieser schwierigen Situation herauszukommen, trachtete man danach, den nun doch recht ansehnlichen Gebäudekomplex an einer der exponiertesten Stelle der Residenzstadt zu veräußern. Bei der Suche nach einem geeigneten Käufer ist man zu Beginn der vierziger Jahre fündig geworden. Die expandierende General-Postdirektion Thurn und Taxis zu Frankfurt/Main setzte sich gegenüber zwei anderen Mitbewerbern durch. Mit dem Kaufpreis von 2200 Gulden lag sie nicht nur besser im Rennen, sondern sie überzeugte auch durch ihr Vermarktungskonzept, das die Verbindung des Post- und Reiseverkehrs mit dem Hotelgeschäft vorsah. Infolgedessen ging der »Sächsische Hof« zum 1. April 1843 in Thurn- und Taxissche Hände über. Von den in Aussicht genommenen Pächtern trug Johann Heinrich Kulmbacher den Sieg davon – wohl doch die glücklichste Wahl.

Über 35 Jahre ist Kulmbacher der Wirt im »Sächsischen Hofs« gewesen. Einer seiner Nachfolger, Friedrich Gröbler hat über ihn geurteilt, dass er »wegen seiner tadellosen, straffen Geschäftsführung bekannt war, aber auch wegen seines treffenden Witzes, seiner Schlagfertigkeit und seines ungehemmten Erwerbssinnes«. Um das Anwesen nebst einigen hinzugekauften Parzellen den neuen Erfordernissen anzupassen, wurden erneut beträchtliche Eingriffe in die Bausubstanz gemacht. Da sich der Grundriss der Baulichkeiten aus dem Jahre 1843 erhalten hat, kann man sich ein gewisses Bild vom Umfang und der Dunktionsverteilung des »Sächsischen Hofs« jener Tage machen. An die Westfront mit dem Portal schlossen sich die weitaus längeren Nord- und Westflügel des Gebäudekomplexes an. Ersterer war in der Mitte von einer breiten Einfahrt durchbrochen, die in einen geräumigen Hof mit Brunnen führte. Letzterer – dem Verlauf des Mühlgrabens folgend – war in der Mitte leicht eingebaucht. Gegenüber dem Nordflügel rückversetzt schloss sich eine Remise an, nochmals rückversetzt ein Schweinestall. Die gesamte Ostseite nahm ein großes Stallhaus ein, hinter dem sich ein geräumiger Garten befand. Um den vornehmen Charakter der Georg- bzw. Bernhardstraße mit dem 1823 eingeweihten Kleinen und Großen Palais sowie der Marienstraße nicht zu beeinträchtigen, hatte das Packen der Postwagen im Hofe zu erfolgen.

In den gehobenes Niveau aufweisenden Räumlichkeiten des »Sächsischen Hofs« wurden schon bald für die Region zukunftsweisende Entscheidungen getroffen. Am 11. Februar 1856 fand hier die erste Versammlung des Verwaltungsrates der Werra-Eisenbahn-Aktiengesellschaft statt. Nach Jahrzehnte währendem Ringen wurde endlich der Bau der Strecke von Eisenach nach Coburg beschlossen. Als zu Ende jenes Monats bedeutende Bankiers und Juristen nach Meiningen reisten, um die Gründung der Mitteldeutschen Kreditbank in die Wege zu leiten, logierten sie vermutlich auch in diesem Gasthaus. Jedenfalls begann die Meininger Bankierfamilie Strupp am 13. März zwischen 9 und 5 Uhr daselbst mit den Zeichnungen für eine Bank, die wenig später zu den bedeutendsten in Deutschland zählen sollte. Der wirtschaftliche Aufstieg Meiningens nach der Revolution von 1848 und der Depression der nachfolgenden Jahre nahm im »Sächsischen Hof« seinen Anfang. Fortan trafen sich die Großen der Wirtschaft in den Räumen des Hotels, sie nächtigten auch dort.

Die Poststation in der Bernhardstraße von Meiningen, um 1830

Angesichts der Noblesse des Hauses, die ihren Preis hatte, wohnten zunächst weniger Künstler in ihm. Nur Stars wie Franz Liszt oder Louis Spohr wurden in der Regel auf Kosten der Hofkasse dort einquartiert. Gelegentlich, der von Liszt veranstalteten Tonkünstlerversammlung, beherbergte das Hotel zwischen dem 22. und 25. August 1867 aber doch eine ansehnliche Zahl hochgestellter bzw. berühmter Musiker. Das Jahr zuvor hatte der Krieg von 1866 zunächst die bayerische Generalität und später jene der siegreichen Preußen in den »Sächsischen Hof« gebracht. Monatelang beherrschten Uniformen das Bild vor dem Hause. Mit der Gründung des Norddeutschen Bundes ging am 1. Juli 1867 das Thurn- und Taxissche Postamt an den Bund und 1871 an das kaiserliche Postamt über. Bis die von Generalpostmeister von Steph äußerst straff geführte Reichspost 1879 ihr eigenes Gebäude am Markt errichtet hatte, domizilierte sie weiterhin im »Sächsischen Hof«.

Kulmbacher sah sich durch diese Vorgänge veranlasst, 1868 das Hotel für 62.000 Gulden zu erwerben. Er ließ im Osten seines Anwesens ein massives Stallgebäude errichten, das der Nachbesitzer allerdings schon 1880 wieder veräußerte. Auf dem Grundstück wurde später das Weinhaus »Rheingold« gebaut.

Von Unglücken ist der »Sächsische Hof« in der Kulmbacher Ära nicht verschont geblieben. 1845 verendeten bei einem Brand die dort untergestellten Pferde des Königs von Belgien – der Schaden wurde auf 80.000 Gulden geschätzt. 1858 bahnten sich nach einem Unwetter gewaltige Wassermassen vom Rohrer Berg über die Marienstraße durch die Stallungen und Keller des »Sächsischen Hof« ihren Weg Richtung Bleichgräben.

Am 17. Dezember 1879 veräußerte dann Kulmbacher seinen Besitz für 210.000 Mark (inbegriffen das Inventar zum Preis von 60.000 Mark) an seinen Nachfolger Hermann Walther. Postverkehr und Hotelgeschäft gingen nun auch in Meiningen getrennte Wege.

Während der nachfolgenden Jahre wechselte Meiningens renommiertester Gasthof sehr häufig seinen Besitzer. Auf Walther folgte 1888 Gustav Johann Herting und 1890 Friedrich John. Sie ließen es sich sämtlich angelegen sein, kleinere Verschönerungen am »Sächsischen Hof« durchzuführen. Seinerzeit erlebte das Meininger Hoftheater seinen künstlerischen Gipfel. Mit ihren berühmten Gastspielen haben die »Meininger« nicht nur ganz Europa beglückt, sondern auch namhafte Darsteller in die Stadt an der Werra geholt, die in ihren Erinnerungen auch davon berichtet haben, was sie in der Residenz erstem Hause so alles erlebt haben. Ab 1880 führte dann der geniale Hans von Bülow die Meininger Hofkapelle in die Spitze der europäischen Orchester und lud bekannte Musiker in den »Sächsischen Hof« zu Gast. Bei gelegentlich herausragenden theatralischen und musikalischen Ereignissen vermochten Hotel und Restaurant die vielen Besucher nicht zu fassen. Doch zu wirklich gravierenden Modernisierungen konnten sich die Eigentümer der Einrichtung nicht entschließen.

Vom Umbau bis zur 125 Jahr-Feier – 1900 bis 1927

Zu Ende des 19. Jahrhunderts zeigte sich dann, dass der »Sächsische Hof« eben doch in die Jahre gekommen war. Weder sein Äußeres noch die Fremden- und Gesellschaftszimmer, auch nicht die gastronomischen Einrichtungen entsprachen mehr den Ansprüchen, die hochgestellte Persönlichkeiten und weitgereiste Künstler an ein zeitgemäßes Hotel zu stellen gewohnt waren. Insbesondere die Vorstandsmitglieder der in Meiningen ansässigen Großbanken schämten sich öffentlich, die Elite der deutschen Bankiers in diesem Hause unterbringen zu müssen.

Es ist dann Dr. Adolf Braun – seines Zeichens Direktor der Deutschen Hypothekenbank – gewesen, der die Initiative ergriff, um die »Hebung eines heruntergekommenen und diskreditierten Hotels« in die Wege zu leiten. Als John gestorben war und seine Erben das Haus verkaufen wollten, gründete er im Verein mit einer Reihe namhafter Bankiers – unter ihnen R. Sulzbach/Frankfurt und G. Strupp/Meiningen eine Aktiengesellschaft »Sächsischer Hof«, die sowohl das Anwesen erwarb als auch die Kosten für einen grundhaften Umbau zusammenbrachte. Im Prinzip wurden zwei Fonds geschaffen – einer, der auf übliche Aktien auch Dividende abwerfen sollte und ein anderer, der das Risiko in sich barg, dass man das in ihn eingezahlte Geld vielleicht auch als verloren ansehen musste.

Es ist ein Gentlemen Agreement gewesen, das die Herren da eingingen. So sah es auch Herzog Georg II. Mit ihm hatte Braun im Sommer 1899 auf Schloss Altenstein ausführlich über das Gesamtvorhaben konferiert. Der Monarch gab dem Projekt nicht nur seinen Segen, sondern – ganz im Stile der anderen Herrn – auch einen finanziellen Obolus. Für seinen Hofmarschall notierte er: »Ich nehme mir ein Vergnügen damit, 6.000 Mark, die fehlen, à fond perdu zu zugeben und bitte, dies dem Justizrath Braun mitzuteilen. Herzog Georg.« Wer nicht verstanden hatte, dass es bei der Neugestaltung des

»Sächsischen Hofs« um eine Sache der Ehre und nicht des Gewinnmachens ging, dem teilte Strupp in höflichster Ironie mit, dass er die Angelegenheit – leider und zu seinem Schaden – von der ganz falschen Seite gesehen habe.

Hatte man ursprünglich mit 382.000 Mark, nämlich für den Erwerb des Gebäudekomplexes samt Inventar 212.000, für den Umbau und die Neuausgestaltung 120.000 Mark, für weitere Aufwendungen 50.000 Mark, kalkuliert, so kamen letztendlich doch 400.000 Mark an Kosten zusammen. Dabei hatte Oberbaurat Eduard Fritze kaum Honorar für seine Leistungen verlangt. Er ließ den West- und den Nordflügel des Gebäudes um ein weiteres Stockwerk erhöhen und verlieh dem Haus fränkischen Fachwerkstil. Ein neues Treppenhaus, Zentralheizung und elektrisches Licht wurden im Inneren installiert, im Parterre drei Verkaufsläden eingerichtet, Billardraum, Restaurant und ein kleiner Speisesaal sowie ein Ausstellungsraum platziert, im ersten Obergeschoss ein großer Speisesaal, Lesezimmer etabliert. 30 neue Fremdenzimmer wurden eingerichtet. Während der Sommermonate des Jahres 1900 wurden die umfänglichen Baumaßnahmen bewältigt und der »Sächsische Hof« bekam jenes Aussehen, das noch heute für ihn wirbt – einschließlich der Loggia im Westen, dem Giebelaufbau und den beiden Türmchen im Norden. Als man im Herbst das neugestaltete Gebäude wieder in Dienst stellte, legte Eduard Döbner mit seinen »Andenken an das Hotel Sächsischer Hof Meiningen« eine erste, ganz knapp gehaltene Historie dieses Etablissements vor. Für jene Zeit reich bebildert und zugleich als Werbeschrift für den örtlichen Fremdenverkehrsverein gedacht, gibt sie noch heute einen guten Eindruck von dem etwas schwülstigen Interieur des gastlichen Hauses.

Nach einem zweijährigen Intermezzo, während dessen der Besitzer des Kurhauses in Oberhof C. Faulmann, den »Sächsischen Hof« als Pächter betrieben hatte, trat am 1. Mai 1902 der versierte und in Europa herumgekommene Hotelier Friedrich Gröbler seine Nachfolge an. Am 1. Oktober 1910 hat er dann die Immobilie käuflich erworben. 1909 vom Herzog mit dem Titel »Herzoglicher Hoftraiteur« geehrt, führte Gröbler während der letzten Jahre der Fürstenherrschaft in Meiningen den »Sächsischen Hof« zu neuem Glanz. Der erste Gasthof der Residenz befand sich in baulich-technischer und in gastronomischer Hinsicht wieder auf jenem Level, auf dem sich damals die Künste und das gesellschaftliche Leben in Meiningen bewegten.

Hatten sich Georg II. und der herausragende Dirigent Fritz Steinbach 1899 anlässlich des Johannes Brahms gewidmeten Meininger Musikfestes über die »Aborteinrichtung, die im sächsischen Hofe unglaublich schlecht sein sollen«, aufgeregt, so konnte man zum Landesmusikfest 1903 getrost der Invasion hochkarätiger Musiker und verwöhnter Musikfreunde entgegensehen. Das Hotel zeigte sich damals wie beim von Max Reger 1913 ausgerichteten Festival auf der Höhe der Anforderungen. Einen wohl noch größeren Besucherstrom erlebte das Gasthaus um den 17. Dezember 1909 herum. Damals wurde das neuerrichtete Hoftheater wieder eingeweiht. Die Spitzen des deutschen Theaters und des Bankwesens eilten nach Meiningen, um dem »Theaterherzog« Georg II. und seiner Gemahlin Freifrau Helene ihre Referenz zu erweisen. Das Gros von ihnen logierte selbstverständlich im »Sächsischen Hof«.

Mimen und Militärs haben vor und während des Ersten Weltkrieges nicht nur Meiningens Stadtbild weitgehend bestimmt, sie waren auch kurzfristig Gäste bzw. länger wohnende Mieter in diesem Hause. Hofschauspieler wie Adolf Link oder Helene von Sonnenthal haben jahrelang im »Sächsischen

Hof« gelebt, insbesondere die Bataillonskommandeure der Garnison bezogen dort ihr Domizil.

Um die Vermarktungsmöglichkeiten des aufwendigen Hotels zu erhöhen, hatte man im Erdgeschoss wohlweislich einige Läden eingerichtet. Gröbler hatte sie zunächst der Firma Doctor & Co. zu Ausstellungszwecken vermietet. Der bekannte Meininger Hoffriseur Hermann Stang richtete sich wenig später an der Westseite seinen vielbesuchten Salon ein. Etwa um 1906 bezog der Zigarrenhändler C. Rommel mit einer Filiale das Ladenlokal an der Ecke Georg-Marienstraße. Strang und Rommel sollten dann knapp ein Dreivierteljahrhundert das Bild des »Sächsischen Hof« mit prägen.

Hotel und Restaurant »Sächsischer Hof«, um 1930

Doch der Krieg und die Inflation, die das kultursinnige Bürgertum ihrer Existenzgrundlage beraubte, haben nicht nur die Meininger Kunstinstitute in erhebliche Schwierigkeiten gestürzt, sondern auch jene Klientel, auf die der »Sächsische Hof« zu rechnen gewohnt war, vom Reisen und vom Besuch gastronomischer Einrichtungen zurückgehalten. Doch Gröbler ließ sich durch alle diese Widrigkeiten nicht beirren. 1923 bekam sein Hotel einen neuen Anstrich, helle Putzflächen und tiefbraune Hölzer kontrastierten fortan an den Fassaden. Weil 1926 das Gasthaus »Zum Erbprinzen« eingegangen war und Meiningen über wenig anspruchsvollen Bedürfnissen gemäße Fremdenzimmer verfügte, entschloss sich Gröbler dazu, den Südflügel seines Hotels um eine Etage aufzustocken. Die Firma Fritz Fröhlich führte diese Arbeiten vom Juli bis zum Dezember jenen Jahres aus. Nunmehr 60 Zimmer mit 75 Betten und fließendem Warmwasser, einige mit Bädern, 14 Autoboxen, eine eigene Dampfwäscherei standen ab dem 9. Dezember zu Gebote. Die Kehrseite dieser an sich erfreulichen Tatsache war, dass Gröbler bedeutende Hypotheken bei der Deutschen Bank, der Sparkasse sowie Privatpersonen aufnehmen musste, die sich bis 1931 auf über 150.000 Reichsmark erhöhten. Bei einer Verzinsung zwischen 5 bis 6 Prozent war der »Sächsische Hof« in eine gefährliche Schuldenfalle geraten.

Doch von alledem wollte man Mitte der zwanziger Jahre nicht allzu viel wissen. Man hoffte auf wirtschaftliche Aufschwünge. Das Meininger Landestheater machte wieder von sich reden. Die Aufführungen von Wagners »Ring des Nibelungen« 1922/23, die Feierlichkeiten zu Georgs II. hundertstem Geburtstag 1926 lenkten die Aufmerksamkeit der Theaterfreunde wieder auf Meiningen und bescherten dem Gasthof viele prominente Besucher. Ebenso selbstbewusst wie hoffnungsvoll begingen Friedrich Gröbler und seine Frau Margarete das 125-jährige Bestehen ihres traditionsreichen Hauses. Man errichtete im Hof einen Brunnen und brachte eine Festschrift heraus, in der der stolze Hotelier sowohl sein 25-jähriges Geschäftsjubiläum feierte als auch auf eine erfolgreiche Zukunft hoffte.

Zwischen Krise und Krieg – 1927 bis 1945

Schwere Zeiten brachen für die Menschen in der Weltwirtschaftskrise, während der NS-Diktatur und dann im Zweiten Weltkrieg an. Für ausgedehnte Reisen und gehobene Geselligkeit mangelte es vielen am Geld, auch an Lust und Gelegenheit. Die Großbanken hatten Meiningen verlassen, die Verwaltungen mussten sparen, auch Kunst und Künstler litten Not. Der rührige Geschäftsmann Gröbler suchte nach Lösungen für die komplizierte Lage, in der sich sein Betrieb befand. »Kommanditgesellschaft Friedrich Gröbler, Hotel und Weinhandlung Sächsischer Hof Meiningen« nannte er das Haus. Mitunter führten ihm Kunstereignisse Meiningens Gäste zu. Die Errichtung der Drachenberg- und Barbarakaserne, der Rüstungsbetriebe in der Stadt brachten es mit sich, dass nach 1933 zunehmend hohe Militärs und Wirtschaftskapitäne bei ihm einkehrten. Doch Meiningen selbst war nach dem Ersten Weltkrieg zunehmend zu einer Stadt der Rentiers geworden, die sich nur noch selten das Vergnügen leisten konnten, bei Gröbler zu gastieren.

Bei einem geschätzten Umsatz von 120.000 RM im Jahr, angesichts hoher Personal- und Betriebskosten wusste der nun schon über 70-jährige Gröbler oft nicht, wie es weitergehen sollte. Der Schuldenberg war mittlerweile auf 166.000 RM angestiegen, der Zweite Weltkrieg ausgebrochen. Vielleicht hatte ihn auch das Bewusstsein, das erste Haus am Platze zu führen, davon abgehalten, in den Zeitungen ständig für den »Sächsischen Hof« zu werben; jedenfalls war er auch hier – ganz im Unterschied zu anderen gastronomischen Einrichtungen – kaum noch präsent.

Zu allem Unglück förderte eine vom Meininger Bauamt Mitte 1940 durchgeführte Feuerschau und Baubesichtigung »erhebliche Mängel« zu Tage. Gröbler wurde beauflagt, einige Missstände sofort abzustellen – andernfalls müsse die Konzessionsbehörde informiert werden. Noch weitaus frustrierender mochte die allgemeine Beurteilung auf den alten Mann gewirkt haben, die dem Gutachten resümierend hinzugefügt worden war: »Das Äußere des Gebäudes ist stark vernachlässigt und kann im Hinblick auf die allgemeine Wirkung im Stadtbild in diesem Zustand nicht weiter belassen werden.« Nach Beendigung des Krieges sei sofort »die Herrichtung der Außenfront und völlige Überholung des Gebäudes« zu gewährleisten, denn das Haus verunstalte das Stadtbild. Da man damals den Einheitswert des Grundstücks auf 20.000 RM, jenen des Hotels auf 88.300 RM (die Feuerversicherung bei der Landesbank auf 298.600 RM) veranschlagte, befand sich Gröbler in keiner sehr angenehmen Geschäftssituation.

Vor diesem Hintergrund sind jene Verhandlungen zu sehen, die zwischen 1940 und 1942 vom Meininger Landrat Gommlich und dem Chef des Weimarer Büros für Hochbau und Raumkunst Ernst Flemming geführt wurden. Sie liefen nämlich darauf hinaus, den »Sächsischen Hof« von Grund auf neu zu gestalten. Wohl zu Beginn des Jahres 1940 hatte Gommlich den Architekten um einen Projektentwurf und einen Kostenvoranschlag für eine derartige Baumaßnahme gebeten. Doch obwohl der Landrat wiederholt um eine »größt möglichste Beschleunigung« der Ausarbeitung bat (weil »günstige Umstände« das Vorhaben fördern würden), hat Flemming die Sache unter teilweise fadenscheinigen Ausflüchten immer wieder hinausgezögert. Schließlich verständigte man sich darauf, dass für die Summe von einer Million an Baukosten und noch einmal 200.000 RM für Inventar, das Hotel auf den neuesten Stand gebracht werden könne. Höchstwahrscheinlich hatte es zuvor schon Gespräche zwischen Gröbler und den staatlichen Dienststellen gegeben. Doch inzwischen hatte der Krieg einen Verlauf genommen, der solche Vorhaben ins Reich der Illusionen rückte.

Der entnervte Gröbler allerdings resignierte und verkaufte 1943 den »Sächsischen Hof« für eine unbekannte Summe an den sudetendeutschen Hotelier Dr. Victor Lippert. Dieser hat ab 15. März jenen Jahres, firmierend mit »Sächsischer Hof Friedrich Gröbler Nachf. Hotel und Weinhandlung«, das Haus so gut es eben ging bis zum 1. August 1944 weitergeführt. Danach wurde auch ihm die Verfügungsgewalt über die Einrichtung entzogen.

Während des Krieges war Meiningen als nicht besonders bombengefährdet eingestuft und mit seinen hervorragenden Kliniken zu einem großen Lazarettstandort ausgebaut worden. Das Schützenhaus, Schulen und schließlich auch der »Sächsische Hof« wurden mit deutschen, britischen und amerikanischen Verwundeten belegt. Dort, wo zunächst noch die Verletzten besuchenden Anverwandten logierten, waren die Fremdenzimmer nunmehr selbst mit Blessierten belegt. Unter ihnen befand sich auch der spätere Bundesminister Otto Graf Lambsdorf. Von direkten Kriegseinwirkungen verschont, überdauerte der »Sächsische Hof« also im Zeichen des Roten Kreuzes die Bombenangriffe und Kampfhandlungen des Jahres 1945.

Schwierige Umbrüche – 1945 bis 1955

Nach dem Krieg standen Dr. Lippert, seinen etwa 20 Mitarbeitern und dem »Sächsischen Hof« schwierige Zeiten bevor. Die Eingriffe der einander ablösenden Besatzungsmächte, die allgemeinen Versorgungsschwierigkeiten und die heiklen Lizenzierungsprozeduren machten einen normalen Hotel- und Restaurantbetrieb unmöglich. Zeitweilig wurden Teile des Hauses oder das gesamte Gebäude von der sowjetischen Besatzungsmacht als Kommandantur genutzt. Doch Lippert, seine Familie und sein Betriebsleiter Karl Herche wollten nicht aufgeben. Schon Mitte September 1945 wurde bei der zuständigen Wirtschaftskammer und der Meininger Polizeidirektion der Antrag auf Wiedereröffnung von Hotel und Restaurant gestellt und für 10 männliche und 14 weibliche Kräfte um eine Arbeitserlaubnis nachgesucht. Diesem Anliegen erteilte der Meininger Bürgermeister dann Mitte Oktober seine Zustimmung. Dem vorausgreifend, hatte man die Einrichtung schon am 1. jenen Monats eröffnet. Doch vielfache Schwierigkeiten führten dazu, dass der »Sächsische Hof« schon bald wieder geschlossen werden musste. Erst Anfang März 1946 gelang es partiell, das Hotel bzw. die Gaststätte zu betreiben. Als Mitte 1947 das »Henneberger Haus« schloss, wurde Lippert sogar von der Meininger Gewerbepolizei beauflagt, am 14. Juli das Restaurant zu öffnen. Weil Geschäftsführer Herche seine Mitgliedschaft in der NSDAP verschwiegen hatte, traten Ende jenen Jahres neue Komplikationen auf. Es kam erneut zur Schließung. Doch weil der »Sächsische Hof« auch damals »als erstes und größtes Hotel in Meiningen« bezeichnet wurde, suchte man nach immer neuen Lösungen. Die Institution war nicht unterzukriegen, doch Improvisationen standen auf der Tagesordnung. Selbst Tanzveranstaltungen wurden möglich gemacht, und so spielte das ganze Jahr 1949 über die beliebte Kapelle Martin Röhr am Donnerstag sowie am Wochenende zum Tanz auf.

Am 5. Februar 1951 annoncierte dann Sylvia Hofmann, die zuvor beinahe zwanzig Jahre den »Meininger Hof« geführt hatte, dass sie die »Bewirtung« des weitbekannten angesehenen Hotelrestaurants »Sächsischer Hof« übernommen habe und »am nächsten Tag wieder eröffnen« werde. »Neben der Erhaltung und Förderung einer Jahrhunderte alten leistungsfähigen Gaststätten-Tradition wird es mein vordringlichstes Bestreben sein, Zuspruch aus allen Kreisen der Bevölkerung zu gewinnen.« Fortan waren nicht nur Gaststätte und Hotel in Betrieb, sondern es gab samstags auch wieder Unterhaltungsmusik und Tanz. Zumindest bis Ende 1951 hat Frau Hofmann dann als Geschäftsführerin das Haus geleitet.

Ab 1952 finden sich dann in den Tageszeitungen keine Anzeigen mehr, die für einen Besuch des »Sächsischen Hofs« werben. Um jenen Zeitpunkt herum hatte die Grenzpolizei nämlich das Objekt übernommen. Es wurde u. a. dazu verwendet, jene Personen, die man beim Überschreiten der nahegelegenen Grenze zur Bundesrepublik aufgegriffen hatte, bis zu ihrer Freilassung oder Überstellung an andere Organe festzuhalten. Der »Sächsische Hof« blieb somit für die breite Öffentlichkeit geschlossen, und nur gelegentlich des »Tages der Volkspolizei« durften geladene Zivilisten den Festsaal betreten. Anstelle des »Sächsischen Hofs« öffnete damals der »Meininger Hof« als Hotel-Restaurant der staatlichen Handelsorganisation (HO) seine Pforten. Doch diese Art der Verwendung währte nicht allzu lange. Die SED mietete von Lippert für einen ansehnlichen Betrag den »Sächsischen Hof« an und etablierte in seinen Räumen ihre Bezirksparteischule. Internatsmäßig untergebrachte Parteikader studierten nun für zwei Jahre in den Hotelzimmern, bekamen ihre Lektionen im großen Saal erteilt.

Ausgerechnet ein hochrangiger Lektor, Otto Winzer, der spätere Außenminister der DDR, ist es gewesen, der in Suhl und Berlin die Weichen für den »Sächsischen Hof« wieder in Richtung Hotel und Restaurant stellte. Weil es weder in Meiningen noch in Suhl ein gutes Gasthaus gab, empfahl er, das Anwesen seinem ursprünglichen Bestimmungszweck zuzuführen. Daraufhin fasste der Rat des Bezirkes nach einigen Auseinandersetzungen einen entsprechenden Beschluss und beauflagte den HO-Kreisbetrieb Meiningen, ihn umzusetzen.

Der »Sächsische Hof« in der Regie der HO – 1955 bis 1990

Die Verantwortlichen der Meininger HO sind zunächst über die ihnen erteilte Aufgabe nicht besonders erfreut gewesen. Man erinnerte sich, dass der »Sächsische Hof« vor dem Krieg kaum noch gewinnbringend gearbeitet hatte. Man wusste um die Notwendigkeit, dem Eigentümer die Immobilie abkaufen zu müssen. Vor allem graute ihnen davor, ein Gebäude, in das seit 25 Jahren so gut wie nichts investiert worden war, unter den seinerzeit nicht eben günstigen Bedingungen renovieren zu müssen.

Dem HO-Kreisdirektor Bernhard Rückert fiel es zu, die Kaufverhandlungen mit dem Ehepaar Lippert zu führen. Da es an monatlich 3.000 Mark Mieteinnahmen von der SED gewohnt war, verlangte es einen hohen Kaufpreis. Schließlich einigte man sich auf eine Summe, die etwas über 250.000 Mark lag. Noch weitaus komplizierter war es für Rückert, die Geldmittel für die dringend erforderlichen Investitionen in Höhe von annähernd sechs Millionen Mark auftreiben und letztendlich entsprechend Firmen für die Bauausführung und für die Anfertigung des Inventars gewinnen zu müssen. Mit dem Meininger Edmund Pilger wurde ein Architekt gewonnen, der es verstand, vernünftige gestalterische Lösungen für das schon betagte Gebäude zu finden, auch ein damals modernes Tanzcafé mit Bar zu projektieren. Bau-, Maler- und Möbelfirmen aus der Region führten die entsprechenden Arbeiten aus.

Doch über zwei Jahre gingen ins Land, bis man die Verhandlungen, Vertragsabschlüsse, Entwürfe und baulichen Maßnahmen sowie die Einrichtungen des Hauses beenden konnte. Während dessen blieb der »Sächsische Hof« geschlossen, und unter der Bevölkerung gab es mancherlei Spekulationen. Deshalb erschien am 26.10.1957 im »Freien Wort« ein Artikel »Und zum Fünfuhrtee in den ›Sächsischen Hof‹. HOG Meiningen nimmt Stellung zu den Gerüchten.« B. Rückert kündigte bei dieser Gelegenheit an, dass das Hotel-Restaurant mit Konzert- und Tanzcafé, einer Handwerkerstube, Bierschwemme und Hotelzimmer zum Preis von 3,25 bis 5 Mark das Einzel- und von 6,50 bis 15 Mark das Doppelzimmer wohl doch erst im kommenden Jahr eröffnet werden könne. Gleichzeitig machte er deutlich, dass die Wiederindienststellung der Einrichtung zu einigen Veränderungen in der Gaststätten- und Hotellandschaft Meiningens führen werde. Denn um dem Haus eine entsprechende Rentabilität zu sichern, sei es unabdingbar, sowohl den »Meininger Hof« als auch das »Henneberger Haus« zu schließen. Das HO-Café in der Georgstraße bekam seinerzeit auch einen neuen Zuschnitt.

Am 9. April 1958, es ist Ostern gewesen, konnte dann die Einrichtung der Öffentlichkeit übergeben werden. Stolz ließ man auf die Speisekarte des Hauses drucken, dass die Ausstattung der Fremdenzimmer, die neuzeitliche Küche und das reichhaltige Speisenangebot dazu berechtigten, das »Haus als bestes Hotel der Stadt« und auch »führend im ganzen Bezirk Suhl« zu bezeichnen. Unter Führung der Respekt gebietenden Margarethe Schütz, dem Ehepaar Zimmermann in der Küche und den beliebten Kellnern Hermann und Moser, bei Tanzveranstaltungen – zunächst mit der Kapelle Riedel und dem Ansager Werner Kümpel, der von Inge Pape beherrschten Bar, fanden sowohl größere Veranstaltungen, wie Hauskirmes, Silvesterparties, später auch die beliebten Modenschauen, als auch viele Familienfestivitäten in den Räumen des »Sächsischen Hofs« statt. Mehrere tausend Jungvermählte feierten dort ihre Hochzeit.

Gelegentlich der jährlichen »Tage des Gesundheitswesens« oder zu den Jahresendfeier zu bezeichnenden Weihnachtsfeiern versammelte sich die Ärzteschaft des Bezirkskrankenhauses im Saal des Hotels. Auch andere Berufsgruppen und Betriebe, Verwaltungen und Brigaden trachteten danach, im »Sächsischen Hof« auf angenehme Weise versorgt und unterhalten zu werden. Die für DDR-Verhältnisse recht hochgesteckten Planziele konnten von der Belegschaft in schöner Regelmäßigkeit erfüllt werden.

Bis April 1964 wirkte Margarethe Schütz als Betriebsstättenleiterin. Dann musste sie gesundheitsbedingt die Leitung des »Sächsischen Hofs« abgeben. An ihre Stelle trat der gelernte Gastronom Herbert Amborn aus Wasungen.

Die hohe Frequentierung der Einrichtung und manche offenkundig gewordenen baulichen Mängel machten schon 1964 eine Generalreparatur im Innern erforderlich. Darüber kam es zwischen dem Vorsitzenden des Rates des Bezirkes, der die Baumaßnahmen für erforderlich hielt, und dem Vorsitzenden der Bezirksplankommission, der die benötigten Kapazitäten nicht bereit stellen wollte, zu Auseinandersetzungen, die erst durch Berliner Instanzen aus der Welt geschafft werden konnten. Daraufhin wurden vor allem das erste Obergeschoss mit seinem Tanzcafé sowie die Hotelzimmer und Flure renoviert. 200.000 Mark sind seinerzeit dafür aufgewendet worden. Doch die sanitären Anlagen, namentlich die Toiletten, konnten zeitgemäßen Ansprüchen nicht entsprechen. Um den Wünschen von jungen Leuten entgegenzukommen, beschloss der Rat der Stadt Meiningen dann 1965, den HO-Kreisbetrieb zu verpflichten, im »Sächsischen Hof« eine Milchbar zu etablieren. Da die HO über die Kreditmittel in Höhe von 550.000 Mark nicht verfügte, wurden auch andere Kostenträger zur Mitfinanzierung herangezogen. Auch während der nachfolgenden Jahre hatte das alte Gebäude noch einige kleinere Umbauten über sich ergehen zu lassen. 1974 wurde dann doch eine neue Toilettenanlage installiert, 1981 ein Aufzugsschacht eingebaut.

Ab den sechziger Jahren gab es im »Sächsischen Hof« dann auch einen Intershop, in dem heiß begehrte Lebensmittel und andere Konsumgüter aus dem »Westen« – allerdings für harte Währung – zu erhalten waren. Zunächst im Inneren des Objektes platziert, später in ein Ladenlokal umgesiedelt, zog er manchen neuen Kunden zu dem Hotel. Die übrigen Geschäfte beherbergten weiterhin den Friseursalon, zeitweilig die Buchhandlung Eye und einen Antiquitätenladen.

Zu DDR-Zeiten gab es auch in Meiningen nur wenige gepflegte Restaurants und anspruchsvolle Tanzveranstaltungen. Infolgedessen stand auf einem Stuhl vor den Speiseräumen im Parterre des »Sächsischen Hofs« jenes ominöse Schild »Bitte warten, Sie werden platziert« und im Tanzcafé der ersten Etage herrschte zumeist drangvolle Enge. Gefördert wurde der Zuspruch zum Haus durch den Umstand, dass der eigene »Trabi« das private Reisen von ganzen Familien wesentlich erleichterte.

Solange es noch keine Interhotels im Bezirk Suhl gab und dass Schlosshotel Landsberg noch nicht geöffnet hatte, auch das Netz der Gästehäuser von Partei und Staat noch nicht voll ausgebaut war, wurden im »Sächsischen Hof« die Prominenten aus Politik, Wirtschaft und Kunst sowie deren Gäste untergebracht. Als dies nicht mehr der Fall gewesen ist, geriet das Meininger Hotel ein wenig ins Abseits. Großzügige Investitionen blieben nun aus. Zu einer umfassenden Sanierung und modernen Gestaltung reichte es nicht. So kam es dahin, dass der »Sächsische Hof« aus Sicherheitsgründen baupolizeilich – und zwar sukzessive – geschlossen werden musste. Mitte der achtziger Jahre ist der Hotelbetrieb vollends eingestellt worden, später auch die gastronomischen Einrichtungen.

Zwar begannen 1988 umfassende Baumaßnahmen. Doch die wirtschaftliche und politische Agonie der DDR ließen ein zügiges Arbeiten nicht mehr zu. Zwar waren entsprechende Aufträge an einschlägige Betriebe und Genossenschaften ausgelöst worden, auch an Künstler, wie Hans Hattop und Klaus Tenner, doch zu einer Realisierung kam es nicht mehr. Die 1990 anstelle der HO neugegründete »Merkur-Handels-Gesellschaft mbh Meiningen« konnte letztendlich den »Sächsischen Hof« nur als Investruine an die Treuhandgesellschaft übergeben.

Wendezeit, auch für den »Sächsischen Hof« – 1990 bis 2002

Als mit der politischen Wende der DDR und der Wiedervereinigung Deutschlands auch die Mangelwirtschaft überwunden wurde, brachen für den »Sächsischen Hof« neue Zeiten an. Die Treuhandgesellschaft verkaufte 1991 die lmmobilie an das Ehepaar Sven und Petra Sawade aus Bayern. Mit großem Mut zum geschäftlichen Risiko und mit nicht weniger Engagement gingen sie daran, den »Sächsischen Hof« für die neue Zeit wieder instand zu setzen. Unterstützt vom Münnerstädter Architekten Blümlein wurden die baulichen Veränderungen so konzipiert, dass dem Gebäude auch sein von Fritze verliehenes Outfit wiedergegeben wurde. Die besonders maroden Installationen mussten kostenaufwendig erneuert werden. Der Investitionsstau war erheblich höher, als vorauszusehen war. So geschah es, dass Sawades ihre Unternehmung aufgeben mussten.

Mit Peter Henzel übernahm 1996 ein Hotelier den »Sächsischen Hof«, der zuvor schon renommierte gastronomische Einrichtungen mit prominenten Gästen geführt hatte. Unterstützt von seinem Münchner Architekten Werner Eyrer ging er schrittweise daran, seine Philosophie für das Haus zu verwirklichen. Ins Zentrum seiner Marketingstrategie wurde der Gedanke gerückt, die reiche und auch wechselvolle Geschichte des Hauses, ja Meiningens, für die Gäste in einem komfortablen Milieu, bei zuvorkommender Bedienung, erlebbar zu machen.

Romantik Hotel »Sächsischer Hof«, 2006

Geschichte war Programm und so wurden die Hotelzimmer und Suiten ganz im Stil des Biedermeier und art decco dekoriert und eingerichtet. Reminiszenzen an die großen Traditionen des Schauspiels, der Oper und des Konzertlebens in Meiningen, die mit dem bedeutendsten Gasthaus der Theaterstadt in einem untrennbaren Zusammenhang stehen, sind zu stilbildenden

Momenten bei der Ausgestaltung der Hotelzimmer und zur Dekoration der öffentlichen Räume herangezogen worden.

Während im Juli 1996 das Hotel wieder eröffnet werden konnte, nahm der Umbau jener Teile des Gebäudekomplexes, die ehedem postalischen Zwecken gedient hatten, einen längeren Zeitraum in Anspruch. Die »Posthalterei« wurde dann im Frühjahr des darauf folgenden Jahres eingeweiht und erinnert auf ihre Weise an wichtige Phasen in der Geschichte des »Sächsischen Hofs«.

Was für Hotels nicht immer üblich ist, das ließen sich Henzel und seine Mitstreiter sehr wohl angelegen sein – eine anspruchsvolle Gastronomie zu pflegen. Im Wettbewerb der Hotelrestaurants errang der »Sächsische Hof« im Jahre 2000 infolge dieser Bemühungen deutschlandweit den 37. Platz, was immerhin die erste Stelle in Thüringen bedeutete. Selbstverständlich gibt es zwischen Theater, den Meininger Museen und dem »Sächsischen Hof« eine ganz besonders enge Kooperation. Mit Pauschal-Angeboten versorgt das Hotel seine Gäste mit den nicht eben leicht zu erhaltenden Billetts für Oper, Schauspiel und Konzert.

Unter Intendant Ulrich Burkhardt knüpfte das Meininger Theater an seine große Rolle in der deutschen Theaterlandschaft an. Heute zählt die Meininger Bühne zu den bestausgelastetsten Theatern Deutschlands. Lang ist die Liste der berühmten Künstler, die nach 1990 im »Sächsischen Hof« weilten. Den bisherigen Höhepunkt dieser Verbindung stellen zweifellos jene Proben dar, die von der neuen Intendantin Christine Mielitz und GMD Kirill Petrenko mit den Stars aus aller Welt zwecks Einstudierung des nunmehr legendären Meininger »Ring des Nibelungen« 2001 im Festsaal des Hotels absolvierten. Die Sängerinnen und Sänger wohnten und probierten somit unter einem Dach – vielleicht auch ein Geheimnis des sensationellen Erfolges. Im »Sächsischen Hof« ist es auch gewesen, wo – Hans von Bülow zu Ehren – eine Lisa Gasteen und die Ursula Prem, ein Franz Hawlata und Bodo Brinkmann noch vor der Premiere öffentliche Kostproben ihrer Kunst darboten und der so früh verstorbene Neil Wilson zum einzigen Male in Meiningen Arien aus der »Walküre« sang.

Mittlerweile ist man im »Sächsischen Hof« dazu übergegangen, geistig-künstlerische und kulinarische Genüsse auf hauseigene Art zu vereinigen. Neben Ausstellungen werden nämlich in eigener Regie Intermezzo-Opern konzertant aufgeführt – passend zu besonderen Gerichten und erlesenen Weinen.

Für diese Idee erhielt Henzel 1999 aus der Hand des Thüringer Ministers für Wirtschaft und Infrastruktur Schuster den Marketingpreis. Für die erfolgreiche betriebswirtschaftliche Entwicklung wurde der »Sächsische Hof« im Jahr 2001 in Berlin mit dem »OSKAR für den Mittelstand« ausgezeichnet.

Das »Romantik Hotel« mit dem Namen »Sächsischer Hof« in Meiningen hat es inzwischen auf vier Sterne gebracht und geht hoffnungsvoll in die nächsten 200 Jahre.

ROMANTIK HOTEL
SACHSISCHER HOF
MEININGEN

*Romantik Hotels & Restaurants
ist eine Hotelkooperation, die eine Vielfalt individueller,
persönlich geführter Privathotels in Europa vereint.*

*In unseren ausgewählten, historisch gewachsenen Häusern
spiegeln sich Regionalität und lebendige Tradition wider.
Wir haben Zeit für unsere Gäste und schaffen ein stilvolles
Ambiente zum Wohlfühlen, Entspannen und Genießen.
Ob regionale Spezialitäten oder Gourmetküche – wir
haben einen qualitativ hohen, kreativen und
zeitgemäßen Anspruch an unsere Leistungen,
vor allem auch in unseren Restaurants.
Wir sind Gastgeber aus
Leidenschaft.*

Willkommen in der »Posthalterei«

Hotelier Peter Henzel ließ im »Sächsischen Hof« die Tradition des Hauses Thurn und Taxis wieder auferstehen und richtete in den ehemaligen Posträumen das Feinschmeckerrestaurant »Die Posthalterei« ein. Hier findet der Besucher neben den Annehmlichkeiten einer ausgezeichneten Küche auch zahlreiche Details in der Ausstattung, die von Regensburger Philatelisten mit Unterstützung der Schlossbibliothek Thurn und Taxis gesammelt wurden und Zeugnis von der reichen Geschichte der Meininger Post und des »Romantik Hotel Sächsischer Hof« ablegen.

Vorspeisen

Vorspeisen:
Spargel mit Maipilzen

Zutaten:

1 kg weißer Stangenspargel
1 Zitrone
Zucker
2 EL Butter
Salz
500 g Maipilze
Öl
Salz
weißer Pfeffer

Frühlingskräuter:
Brennnessel
Gänseblümchen
Bärlauchblüten
Thymian

Vinaigrette:
100 ml Spargelfond
2 EL Butter
Zitronensaft
geschnittene Frühlingskräuter
weißer Pfeffer aus der Mühle
Salz

Den Spargel schälen und ins kochende Salzwasser geben. Die Butter, Zucker und Zitrone dazugeben. Die Spargelstangen bissfest kochen. So bleibt er am saftigsten.
Die Maipilze von Erde und Laubresten befreien und in wenig Öl anbraten.

Den Spargelfond erhitzen, mit Zitronensaft, Salz, weißem Pfeffer würzen und die eiskalte Butter einrühren. Zum Schluss mit frischen Wildkräutern verfeinern.

Einer unserer ersten Frühlingsboten ist unser Adolf, der uns Ende April schon die ersten Maipilze bringt und uns bis übers Jahr mit Pfifferlingen, Rotkappen, Hexenröhrlingen und vor allen Dingen Steinpilzen bis in die späten Novembertage versorgt.

Vorspeisen:
Spargel-Gemüsesalat mit Wachtelei

Zubereitung:

Das Gartengemüse küchenfertig zubereiten, in kochendem Salzwasser bissfest garen und anschließend in kaltem Wasser abschrecken. Das Gemüse behält dadurch seine intensive Farbe, ist leichter verdaulich und behält all seine wertvollen Inhaltsstoffe.
Den Spargel schälen und separat in Salzwasser mit etwas Butter, Zucker und Zitrone knackig kochen. Die Gartenkräuter gründlich waschen und unter das Gemüse heben.

Vinaigrette:
Den Geflügel- und Spargelfond zusammen verrühren, mit Bärlauch, Knoblauch, Basilikum, Salz, Zucker, Pfeffer und Essig 2 Stunden marinieren. Anschließend abseihen und mit den Ölen zu einer Vinaigrette aufrühren.

Kräuteröl:
Den Kerbel mit dem Olivenöl mixen.

Wachteleier:
Die Wachteleier durchgehend 1,5 Minuten in sprudelnd kochendem Wasser kochen, anschließend in Eiswasser abschrecken. So bleiben sie wachsweich.

Tipp:

Spargel muss nach dem Kochen noch Biss haben.
Für diesen Salat hole ich mir die Kräuter vom hoteleigenen Tusculum und den Bärlauch gibt's auf den umliegenden Berghängen von Meiningen.

Zutaten:

Spargel-Gemüsesalat
 pro Person 2 Stangen weißer Spargel

Frisches Gartengemüse:
 Brokkoli
 Blumenkohl
 Möhrchen
 Zucchini
 Maipilze
 Radieschen
 Kirschtomaten

Frische Gartenkräuter:
 Schnittlauch
 Brennnessel
 Bärlauch
 Kerbel
 Gänseblümchen
 Löwenzahn

Vinaigrette:
 150 ml Geflügelfond
 2 Blatt Bärlauch
 100 ml Spargelfond
 1 Knoblauchzehe
 2 Basilikumblätter
 1 geschnittene Schalotte
 Salz
 1 Prise Zucker
 frisch gemahlener weißer Pfeffer
 50 ml weißer Balsamico-Essig
 50 ml Sherry–Essig
 100 ml Traubenkernöl
 100 ml natives Olivenöl

Kräuteröl:
 1 Bund Kerbel oder Basilikum
 200 ml natives Olivenöl

FEINSCHMECKERRESTAURANT »DIE POSTHALTEREI«

VORSPEISEN

*Spargel mit Maipilzen
(Rezept siehe Seite 36)*

Salat von Meeresfrüchten mit Tricolore-Bandnudeln

Vorspeisen:
Salat von Meeresfrüchten mit Tricolore-Bandnudeln

Zutaten:

Salat von Meeresfrüchten:
8 St. Jakobsmuscheln
1 Korb Venusmuscheln
8 St. Furchengarnelen
4 EL Lachskaviar
2 Tomaten
etwas Stangensellerie
etwas Karotten
1 Knoblauchzehe
Thymian, Petersilie
Olivenöl, 100 ml Weißwein

Tricolore-Bandnudeln:
Je 1/2 Grundrezept Nudelteig

Roter Nudelteig:
300 g Weizenmehl, gesiebt
100 g Hartweizengrieß
175 g Eier
900 g abgebranntes Tomatenmark
10 g Salz

Schwarzer Nudelteig:
300 g Weizenmehl, gesiebt
100 g Hartweizengrieß
200 g Eier
10 g Salz
2 Beutelchen Sepiafarbe

Gelber Nudelteig:
300 g Weizenmehl, gesiebt
100 g Hartweizengrieß
200 g Eier
2 g gemahlener Safran
10 g Salz

Grüner Nudelteig:
300 g Weizenmehl, gesiebt
100 g Hartweizengrieß
125 g Eier
75 g Spinat, fein püriert
10 g Salz

Zubereitung:

Frische Jakobsmuscheln aus der Schale lösen, vom Rogen und von allen Randschichten befreien, in kaltem Wasser durchspülen und trocken tupfen. Die Venusmuscheln säubern, abspülen und in Salzwasser einige Stunden wässern. Geöffnete und beschädigte Muscheln aussortieren. Die Venusmuscheln in Olivenöl, mit dem Gemüse und Kräutern anschwitzen. Mit Weißwein ablöschen und erhitzen bis sich die Muscheln öffnen. Das Muskelfleisch auslösen.

Die St. Jakobsmuscheln von beiden Seiten ca. 1 Minute in Olivenöl anschwitzen.

Die Furchengarnelen putzen, den Darmtrakt entfernen, mit etwas Olivenöl in der Pfanne ansautieren und mit dem Muschelsud aufgießen.
Die Tomaten, die Muscheln und die Garnelen vermengen und in den erwärmten Fond geben.

Tricolore-Bandnudeln:

Die Zutaten für jeden Nudelteig jeweils in eine Rührschüssel geben und mit den Knethaken der Küchenmaschine so lange durchkneten, bis ein glatter Teig entstanden ist. Den Teig noch einmal kurz von Hand durchkneten und mit Frischhaltefolie umhüllt 1 Stunde kühl stellen.

Jeden Teig etwa 1/2 cm dick ausrollen und mit Eiweiß bestreichen.
Die Teige übereinander auf ein Brett legen. Mit einem zweiten Brett und einem Gewicht beschweren und einige Stunden durchkühlen lassen.
Die Teige anschließend in 1 cm dicke Scheiben schneiden und mit der Nudelmaschine 3–4 mm stark ausrollen und trocknen lassen.
In kochendem Salzwasser kochen.

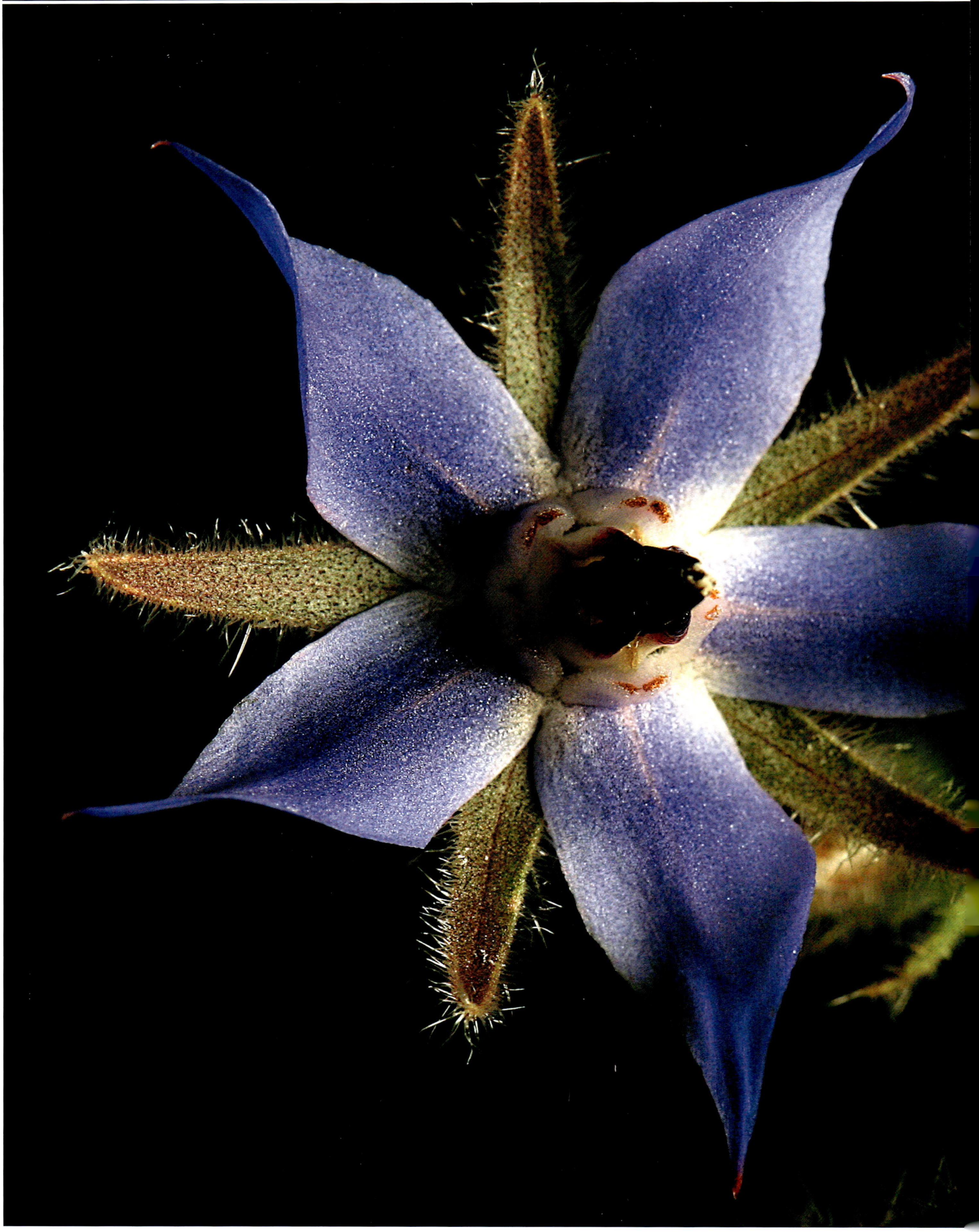

VORSPEISEN

Borretschblüte

Kräuter und Salate

Bärlauch & Co.

Der Wunsch nach einem hoteleigenen Kräutergarten blieb nicht lange unerfüllt – ich stieß bei Peter Henzel offene Türen ein und so fand sich auch nach kurzer Zeit der richtige Ort für unseren Kräutergarten, ein Tusculum sollte es werden – ein Ort der Düfte und der Sinne! Das Arbeiten im Kräutergarten ist für mich immer eine willkommene Abwechslung, es erinnert mich sehr an meine Kinder- und Jugendtage zu Hause in Niederbayern, wo es selbstverständlich war, im Bauerngarten oder Wurzgarten frische Kräuter und Gemüse zu holen. Die sinnlichste Zeit im Küchenjahr ist der »Frühling in der Küche«. Die Kräuter und Blüten duften um die Wette. Die Farben rauben einem den Atem. Man weiß am Anfang nicht, wohin mit all dieser Vielfalt, die sich anbietet. Eines der größten Ereignisse ist Bärlauch sammeln, der Dank der Medien und Lebensmittel-Industrie leider zum Mega-Event wurde. Trotzdem ist es ein wunderbares Erlebnis, das erste Bärlauchbrot zu essen. Jahrzehntelang wurden Kräuter und Gemüse bis zur Unkenntlichkeit zerkocht, mit dichten Mehlsoßen gebunden und verkleistert.

Erst die Renaissance der neuen deutschen Küche mit engagierten Köchen wie Eckhardt Witzigmann, Heinz Winkler und Otto Koch veränderten das Bewusstsein und brachten den Wandel. Mit neuen Kochtechniken bringen uns die zarten Pflänzchen und Gemüse die erwünschten Vitamine und Mineralstoffe.

Träumereien an einem Frühlingstag

Frühling liegt in der Luft. Der Wind streicht durchs Haar, so sanft, wie es nur die Hand meiner Mutter tat. Die Sonne brennt mit hellem, stechendem Schein, als möchte sie sagen: »Schau nicht hinauf, schau auf die Erde, die Natur erwacht.« Die gelben Blümchen haben ihre Blütenblätter weit geöffnet und können nicht genug von diesem hoffnungsvollen Licht einsaugen. Da kommen auch schon die emsigen Bienen angeschwirrt, gut gepolstert mit dicken Pollenhöschen. Hastig, als wäre das kommende Jahr jetzt schon zu kurz, rennt eine Spinne über den Weg. Sind das Träumereien oder ist es Wirklichkeit?

VORSPEISEN

FEINSCHMECKERRESTAURANT »DIE POSTHALTEREI«

FEINSCHMECKERRESTAURANT »DIE POSTHALTEREI«

Herstellung von Kräuter- und Blütenessig

Ist es nicht langweilig, seinen Salat immer mit dem gleichen Essig, dem gleichen Öl anzumachen? Mit einem selbst angesetzten Kräuter- oder Blütenessig können Sie Ihre Salatsaucen individuell und auf den jeweiligen Salat abgestimmt zubereiten.

Als Basis sollten Sie stets Obst- oder Weinessig verwenden, den Sie mit Kräutern oder Blüten aromatisieren, zum Beispiel mit Schlüsselblumen, Veilchenblüten, Waldmeister, Bärlauch, Minze, Holunderblüten, Kleeblüten oder Fliederblüten. Die gewünschten Blüten oder Kräuter werden etwa 18 bis 20 Tage zugedeckt im Essig mariniert. Danach wird der Essig abgeseiht und gut verschlossen aufbewahrt. Mit Phantasie und Geschmack lassen sich nach dieser Methode zahlreiche interessante Geschmacksvariationen zubereiten.

Wie wird Essig hergestellt?
Dies ist das Einfachste auf der Welt! Als Grundstoff benötigen Sie Apfelwein, Weißwein, Rotwein oder Beerenwein. In diesen Wein geben Sie eine Essigmutter (eine gallertartige Bakterienkultur), die Sie im Weinfachgeschäft oder in der Drogerie kaufen können und alles Übrige wird in einem passenden abgedeckten Topf in 6 bis 8 Wochen von selbst erledigt.

Zutaten:

Kräuter– oder Blütenessig:
Für 1 Liter
100 g Blüten
80 g Kräuter
1 l Obst- oder Weinessig

Die gewünschten Blüten oder Kräuter etwa 18 bis 20 Tage zugedeckt im Essig marinieren. Danach abseihen und den Essig gut verschlossen aufbewahren.

Mamas Kräuteressig:
Für 5 Liter
je 1 Tasse Minze, Pimpernelle und Brennnessel
je 1/2 Tasse Kerbel und Quendel
4 Bärlauchblätter
2 EL schwarzer Pfeffer, zerstoßen
4 Schalotten, gehackt
5 l Weißweinessig
2 EL Meersalz

Zubereitung:

Mamas Kräuteressig:
Die sauberen Kräuter entstielen und grob hacken. Mit Pfeffer, Schalotten und Weißweinessig vermengen, in eine große Flasche geben und für 1 Woche an die Sonne stellen.
Salz in einer Pfanne ohne Zugabe von Öl oder Fett gelblich rösten, dem Essig beigeben und etwa 6 Wochen stehen lassen.
Nun den Essig durch ein feines Tuch abseihen und die Kräuter gut ausdrücken. In kleine Flaschen abfüllen und bis zum Gebrauch gut verschlossen kühl aufbewahren.

VORSPEISEN

49

Vorspeisen:
Frühlingskräutersalat mit Hummer und Hummerroulade

Zutaten:

Wildkräuter:
Bärlauch
Schlüsselblume
Vogelmiere
Brennnesselblätter
Sauerampfer
Löwenzahn

Salatvariationen:
Kopfsalat
Rapunzelsalat
Chicoree rot

Die Kräuter von groben Stielen befreien, in Salzwasser kurz waschen und gut abtropfen lassen. Die Blüten separat waschen und auf Küchenkrepp legen.

Der Frühling ist für mich die aufregendste Zeit des Jahres. Die Natur ist im Aufbruch, jeder Tag bringt sie einen Schritt weiter. Musik liegt in der Luft und jedes frische Grün, jede Blüte klingt wie ein Ton. Ich versuche, diese Töne zu erhaschen, diese Melodien zu erlauschen, um daraus in meiner Küche eine Frühlingssinfonie zu komponieren.

VORSPEISEN

Frühlingskräutersalat mit Hummer und Hummerroulade

Vorspeisen:
Entensülzchen mit Himbeervinaigrette

Zubereitung:

Madeiragelee:
Die Entenbrust von Sehnen und restlichen Blutgefäßen befreien. Von beiden Seiten mit Salz und Pfeffer würzen. Öl in einer Pfanne erhitzen und die Brust mit der Fleischseite in das heiße Öl legen und ca. 2 Minuten braten. Anschließend auf die Hautseite legen und im Rohr bei 160°C ca. 8 Minuten fertig braten. Die Brust erkalten lassen. Die erkaltete Brust in Würfel schneiden. In der Zwischenzeit das Gemüse putzen und in gleich große Würfel schnei-

Entensülzchen mit Himbeervinaigrette

den. In gesalzenem, kochendem Wasser die Gemüsewürfel blanchieren und anschließend im Eiswasser abschrecken. Fleischwürfel und Gemüsewürfel zu gleichen Teilen mischen, in eine Form geben und das noch flüssige Madeiragelee übergießen.
Über Nacht im Kühlschrank kalt und fest werden lassen.

Himbeervinaigrette:
Die Zutaten in einen Becher geben und mit dem Zauberstab gut durchmixen.
Die Himbeeren in die Vinaigrette legen und eine halbe Stunde ziehen lassen.

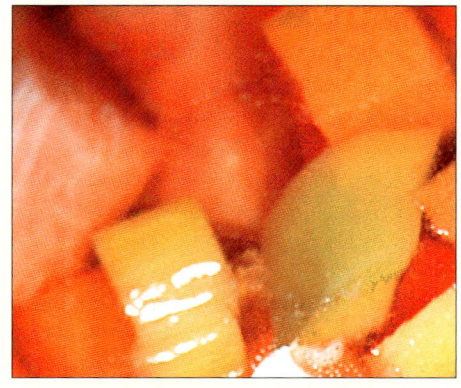

Zutaten:

1 Entenbrust

Madeiragelee:

6 EL Madeira
4 Blatt eingeweichte, gut ausgedrückte Gelatine
Salz

Geflügelkraftbrühe mit Madeira erhitzen,
Gelatine darin auflösen, salzen, kalt stellen

1 Karotte
1 Lauchzwiebel
1 Stück Staudensellerie
1/2 rote Paprikaschote

Himbeervinaigrette:

3 EL Traubenkernöl oder Distelöl
1 EL Himbeeressig
1 EL Geflügelfond
1 Spritzer Zitronensaft
Salz
weißer Pfeffer aus der Mühle
frische Himbeeren

Zutaten:

1 Gans
200 g Gänseklein
Salz, weißer Pfeffer aus der Mühle
200 ml kalte Sahne
1 cl Cognac
2 EL geschlagene Sahne
1 St. Gänseleber
1 St. Gänseherz
50 g Pistazien
150 g gekochter Schinken
100 g Gänsetopfleber
1 Stück Trüffel

Zubereitung:

Die Gans auslösen. Das zusätzliche Geflügelfleisch in Würfel schneiden und kalt stellen. Gut gekühlt durch die feine Scheibe des Fleischwolfes drehen und nochmals ganz durchkühlen lassen. Das Fleisch salzen und pfeffern und in mehreren kleinen Portionen in einer Küchenmaschine fein pürieren. Die kalte Sahne nach und nach zufügen, bis eine homogene, glatte Farce entsteht. Diese in einer auf Eis gesetzten Schüssel erkalten lassen. Anschließend durch ein Holzrahmensieb passieren, erneut auf Eis setzen und den Trüffel-

VORSPEISEN

Vorspeisen:
Galantine von der Gans

saft, den Cognac und die geschlagene Sahne gleichmäßig einarbeiten. Die Leber und das Herz fein würfeln, kurz in der Butter anbraten und auf Küchenpapier abtropfen lassen. Die Gänsetopfleber zuerst in 1 cm dicke Scheiben und anschließend in Streifen schneiden und kalt stellen. Die gewürfelten Einlagen zur Farce geben und die Gans füllen und rollen. Die Galantine kann auch in eine bratfeste Folie eingehüllt und gegart werden.

Vorspeisen:
Kaisergranat mit Avocadopüree und gefüllte Frühlingsrolle

Zubereitung:

Die Kaisergranat aus den Schalen brechen, jeweils den Kopf ausdrehen und den Darm entfernen. Die Kaisergranat waschen und kühl stellen. Die Karkassen in wenig Olivenöl anbraten. Das Gemüse in feine Würfel schneiden

VORSPEISEN

und mit anbraten. Mit Weißwein, Noilly Prat ablöschen, mit Fischfond auffüllen, das Gemüse dazu geben und ca. 10 bis 12 Minuten köcheln. Anschließend durch ein Tuch passieren. Den Fond einkochen lassen und gegebenenfalls mit etwas Stärke abziehen.

Die Avocado schälen, den Kern entfernen und das Fruchtfleisch in Stücke schneiden. Mit den übrigen Zutaten mischen und mit einer Gabel zu einem nicht zu feinen Püree zerkleinern.

Das Gemüse putzen, in feine Streifen schneiden und in wenig Olivenöl anschwitzen, würzen und erkalten lassen.
Die Gemüsestreifen auf die Teigblätter verteilen und aufrollen.
Die aufgerollten Frühlingsrollen in heißem Öl knusprig braun frittieren.

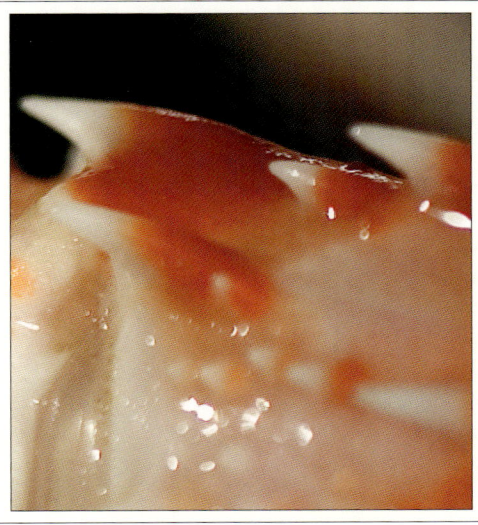

Kaisergranat

Zutaten:

Kaisergranat:

12 St. Kaisergranat oder Langustinen
Olivenöl zum Braten
2 Schalotten
etwas Staudensellerie
etwas Lauch
Pfefferkörner
Anis
Lorbeerblatt
100 ml Weißwein
300 ml Fischfond
Speisestärke

Avocadopüree:

reife Avocado
1 EL Koriandergrün
1 EL natives Olivenöl
1/4 Zehe Knoblauch
1 Messerspitze Chilischote
Salz
weißer Pfeffer aus der Mühle

Frühlingsrolle:

4 Frühlingsrollenblätter
etwas Chilischote
etwas Lauch
etwas Gemüsesprossen
etwas Karottenstreifen
Öl zum Frittieren
Salz
Pfeffer aus der Mühle

Vorspeisen:
Ikarimi-Lachs mit seinem Kaviar

Zutaten:

1 Seite Ikarimi-Lachs
300 g Fleur de sel – grobes Meersalz
100 g Zucker
2 Zitronen – Abrieb
2 Limetten – Abrieb und Saft
50 g Senfkörner
Abrieb vom Langpfeffer
2 EL Fenchelgrün oder Dillspitzen
10 g Korianderkörner
10 g Macisblüte

Zubereitung:

Alle Zutaten in einem Steinmörser verreiben und damit das Ikarimi-Lachsfilet bestreuen. Das Lachsfilet sollte nur leicht bedeckt sein. Über Nacht im Kühlschrank marinieren, den Lachs abspülen und trocken tupfen. In Scheiben oder Rechtecke schneiden.

Tipp:

Probieren Sie den Lachs einmal fingerdick geschnitten.
Die Lachsbeize kann man luftdicht verschlossen in einem Glas längere Zeit lagern.

VORSPEISEN

Ikarimi-Lachs mit seinem Kaviar

Vorspeisen:
Sülzchen vom Lachs mit Bachkrebsen

VORSPEISEN

Tipp:

Das Sülzchen schmeckt am besten mit marinierten Salatspitzen. Konzentrierter Geschmack an heißen Sommertagen.

Sülzchen vom Lachs mit Bachkrebsen

Zutaten:

Lachsbeize:
- 200 g Lachsfilet
- 90 g Zucker
- 30 g Meersalz (Fleur de sel)
- 10 g Limettenabrieb
- 10 g Senfkörner
- Abrieb vom Langpfeffer
- Dillspitzen
- 10 g Macisblüte

1 kg lebende Bachkrebse

Fisch-Gelee:
- 500 ml konzentrierter Fischfond
- 5 Blatt Gelatine
- (je 100 ml Fond – 1 Blatt Gelatine)

Zubereitung:

Die Zutaten zur Lachsbeize miteinander gut vermischen. Das Lachsfilet vorher gut von allen Gräten und Fettanteilen befreien. Das Lachsfilet gut von allen Seiten mit der Lachsbeize einreiben und ca. 12 Stunden marinieren lassen. Anschließend das Lachsfilet aus der Beize nehmen und gut abtrocknen. Eine längliche Terrinenform mit Folie auslegen und 1/3 der Form mit dem Fischfond auffüllen. Im Kühlschrank ca. 1/2 Stunde fest werden lassen. Dann nach und nach das Lachsfilet und den Fischfond auffüllen, bis die Form fest geworden ist.

Die Bachkrebse in kochend heißem Salzwasser ca. 2 Minuten ziehen lassen. Anschließend in kaltem Eiswasser abschrecken und das Fleisch vom Panzer ausbrechen.

Vorspeisen: Sushivariationen vom Thun

Zubereitung:

Den Reis gründlich waschen und abtropfen lassen bis das Wasser klar wird. Den Reis anschließend in einen Topf geben und mit dem Wasser auffüllen. Den Topf mit einem gut passenden Deckel schließen. Den Reis zum Kochen bringen. Die Hitze dann auf kleinste Stufe bringen und den Reis 18–20 Minuten ausquellen lassen. Den Topf vom Herd nehmen, ein gefaltetes Tuch auf den Reis legen und nochmal 10 Minuten nachquellen lassen. Die Würzzutaten in einem Topf mischen und erwärmen bis sich Zucker und Salz aufgelöst haben.

Sashimi

Fast jede Art von Fisch kann zu Sashimi verarbeitet werden. Es gibt jedoch zwei wichtige Grundsätze, die Sie beherzigen sollten.
1. Verwenden Sie nur den frischesten Fisch!
2. Verwenden Sie Fisch, der zum roh Essen geeignet ist, wie z.B. Thunfisch, Lachs, Seesaibling, Makrele, Heilbutt, St. Jakobsmuscheln!

Außerdem sollten Sie großen Wert auf die Präsentation und die Würzbeilagen legen. Sojasoße ist bei jeder Art von Sashimi unentbehrlich, genau wie Wasabi (grüner Meerrettich), Ingwer, Frühlingszwiebel, Satang und weißer Rettich. Alle Zutaten sind scharf und unterstützen die Verdauung des rohen Fisches.
Da das Kochen entfällt, ist Sashimi leicht und schnell zuzubereiten. Der Nährwert der Zutaten bleibt vollständig erhalten.

Sushi, Sashimi & Co.

Sowohl bei der Zubereitung der Sushi, als auch bei Sashimi gibt es bei den Zutaten, beim Würzen und beim Formen keine zwingend vorgeschriebenen Regeln. Jeder Sushi-Koch kann seine eigenen Formen entwickeln. Thunfisch ist der begehrteste Vertreter für Sushi und Sashimi.

VORSPEISEN

Zutaten:

Sushi-Reis:
350 g Sushi-Reis
675 ml Wasser

Zum Würzen:
50 ml Reisessig
1 EL Zucker
1 TL Salz
50 ml Reiswein

Sushivariationen

FEINSCHMECKERRESTAURANT »DIE POSTHALTEREI«

VORSPEISEN

Bonito, eine Unterart der Thunfische.

Zwischengerichte und Suppen

Möhren-Ingwer-Suppe

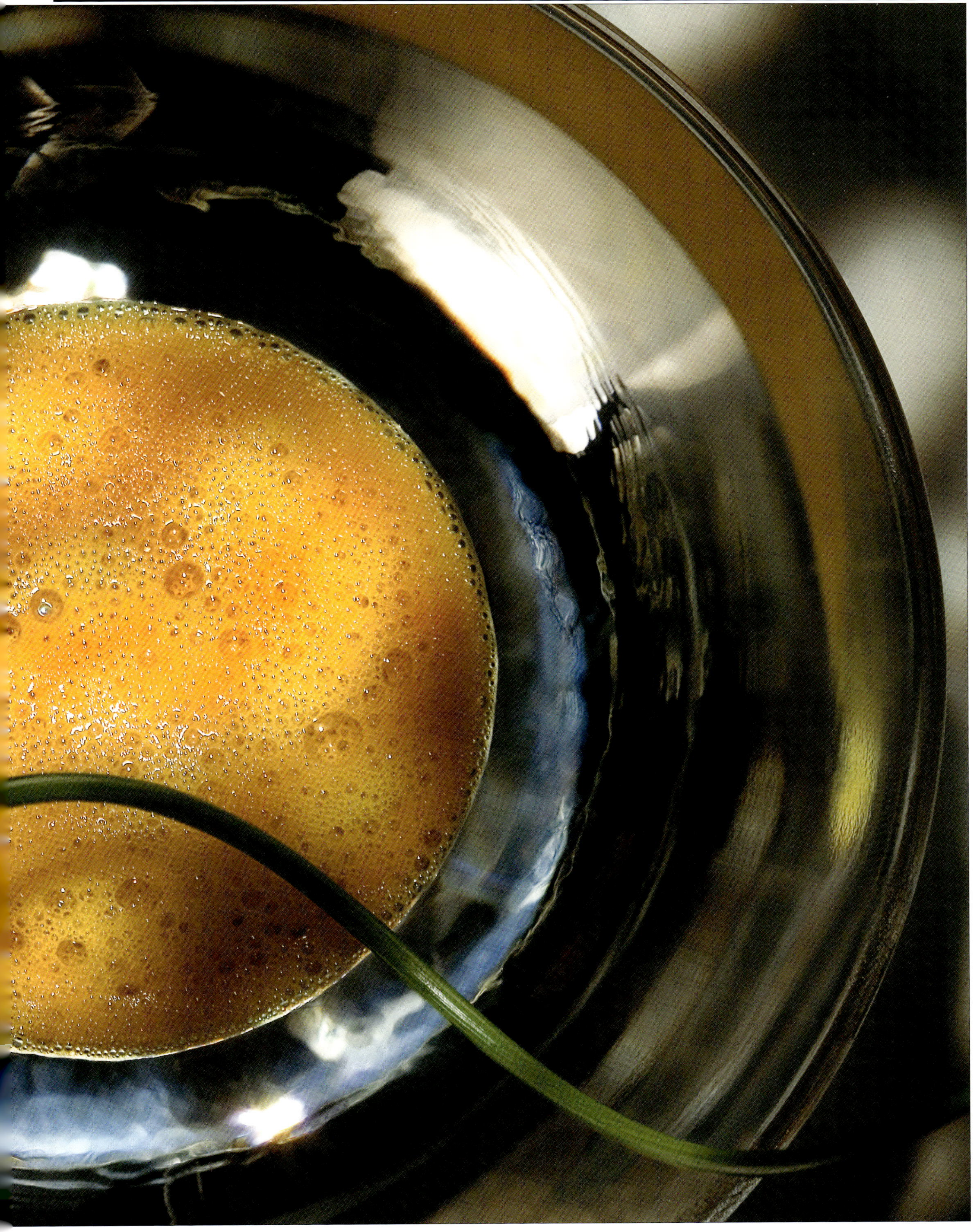

Zwischengerichte und Suppen:
Kalbskopfragout mit Gurkenspaghetti und Möhren-Ingwer-Curry-Suppe

Zutaten:

Möhren–Ingwer–Curry-Suppe:
- 1 Bd. Möhren
- 1 Ingwerwurzel
- 2 Schalotten
- 1 Zitronengrasstängel
- 1 Knoblauchzehe
- 1 Apfel
- 3 EL Butter
- 100 ml Möhrensaft
- 500 ml Geflügelbrühe
- 1 EL Currypaste gelb
- (oder 1 Chilischote)
- 1 EL Currypulver
- 3 EL Butter
- Salz

Kalbskopfragout mit Gurkenspaghetti:
- 200 g fertig gekochter und gepresster Kalbskopf
- 1 EL Butter
- 1 Schalotte
- 1 Knoblauchzehe
- 1 EL Sojasoße
- 1 TL Honig
- 50 ml Kalbsfond
- weißer Pfeffer aus der Mühle

Kalbskopfragout mit Gurkenspaghetti und Möhren-Ingwer-Curry-Suppe

ZWISCHENGERICHTE UND SUPPEN

Zubereitung:

Die Möhren schälen und in kleine Würfel schneiden. Ingwerwurzel, Schalotten, Knoblauch und Apfel ebenfalls in kleine Würfel schneiden. Das vorbereitete Gemüse in der Butter leicht glasig anschwitzen. Die Currypaste und das Currypulver einrühren, mit Möhrensaft und Geflügelbrühe auffüllen, Zitronengras einlegen und ca. 40 Minuten köcheln. Nach der Garzeit das Zitronengras entfernen. Die Suppe mit der eiskalten Butter aufmixen. Wenn nötig mit etwas Salz nachschmecken.

Den Kalbskopf in kleine Würfel schneiden. Die Butter in einem Topf aufschäumen lassen. Schalotten, Knoblauch und den Kalbskopf darin anschwitzen. Mit Sojasoße und Kalbsfond ablöschen. Den Honig einrühren und vollständig einreduzieren lassen.

Die Salatgurke in feine lange Streifen schneiden und auf das Kalbsragout legen.

Zutaten:

1 Bd. Bärlauch (ca. 100 g)
2 Schalotten
6 EL Butter
1 l Geflügelbrühe
1 Kartoffel
Salz
weißer Pfeffer aus der Mühle

Zwischengerichte und Suppen:
Bärlauchsüppchen mit Bachkrebsen

Bärlauchsüppchen mit Bachkrebsen

ZWISCHENGERICHTE UND SUPPEN

Zubereitung:	Tipp:
1 Esslöffel Butter aufschäumen lassen. Fein geschnittene Schalotten farblos andünsten. Die Kartoffel in feine Würfel schneiden, mit dazu geben und glasig dünsten. Mit der Geflügelbrühe auffüllen und die Kartoffel weich kochen. Mit einem Mixer fein pürieren, salzen und Pfeffer aus der Mühle. In der Zwischenzeit die Bärlauchblätter waschen und trocken tupfen. In einer Moulinette die Bärlauchblätter mit der weichen Butter zu einer Paste aufmixen. Jetzt, je nach Gusto, soviel Paste in die Suppe einrühren wie sie verträgt.	Bei dieser Suppe ist das Sammeln von Bärlauch schon ein Weltgenuss – und Entschlackung pur.

Zwischengerichte und Suppen:
Grünes Erbsensüppchen

Zutaten:

250 g frische Erbsen
oder Tiefkühlerbsen
2 Schalotten
1 Knoblauchzehe
1 Bd. Estragon
1 l klare Geflügelbrühe
Salz
weißer Pfeffer aus der Mühle
Muskat
2 EL Butter

Zubereitung:

Die Schalotten und den Knoblauch in feine Würfel schneiden und in wenig Butter leicht farblos andünsten. Die Erbsen dazu geben und leicht mit andünsten. Am besten mit heißer Geflügelbrühe auffüllen und schnellstmöglich zum Kochen bringen.
Mit Salz, weißem Pfeffer und Muskat abschmecken. Die Suppe in einen Mixer geben oder mit dem Zauberstab fein pürieren.
Die Suppe sofort servieren, um ihre grüne Farbe zu erhalten.

Tipp:

Um die grüne Farbe der Erbsen zu erhalten, sollte der Garprozess so kurz wie möglich gehalten werden und kurz Sahne verwendet werden. Die Suppe mit Speckscheiben garnieren. Für die Frühlings- und Sommerzeit empfehle ich, die Suppe mit einem Minzblatt und einem Schuss trockenen Martini zu verfeinern.

ZWISCHENGERICHTE UND SUPPEN

Erbsensüppchen

Zutaten:

Hobelkäsesüppchen:
- 100 g frisch gehobelter Sbrinz oder Parmesan
- 2 Schalotten
- 1 Knoblauchzehe
- 2 EL Risotto Reis (Vialone, Aquerello)
- 1 EL Butter
- 175 ml trockener Weißwein
- 250 ml Sahne
- 500 ml Geflügelbrühe
- Salz
- weißer Pfeffer aus der Mühle
- etwas weißes Trüffelöl

Kaninchenspieß im Sesammantel:
- 400 g Kaninchenrücken ausgelöst (küchenfertig)
- Salz
- weißer Pfeffer aus der Mühle
- Öl zum Braten
- 100 g Sesamsaat

Tipp:

Die Suppe schmeckt an kalten Wintertagen am besten und erinnert mich an meine Zeit in der Schweiz im Berner Oberland, besonders nach dem Skilaufen.

Zwischengerichte und Suppen:
Hobelkäsesüppchen und Kaninchenspieß im Sesammantel

ZWISCHENGERICHTE UND SUPPEN

Hobelkäsesüppchen und Kaninchenspieß im Sesammantel

Zubereitung:

Schalotten, Knoblauch in Butter leicht glasig anschwitzen, Risottoreis vorher gut durchspülen, dazugeben und leicht mit ansautieren. Mit Weißwein und Geflügelbrühe ablöschen und um die Hälfte einreduzieren.
Zum Schluss die Sahne dazu geben und nochmals etwas einreduzieren. Die Suppe durch ein Sieb gießen und mit weißem Trüffelöl verfeinern. Vor dem Servieren den Hobelkäse einrühren und nicht mehr kochen lassen.

Den Kaninchenrücken in 1 cm große Stücke schneiden, mit Salz und weißem Pfeffer würzen. Anschließend auf einen Holzspieß stecken, in Sesam wälzen und in heißem Öl ausbacken.

Steinpilzsüppchen mit Petersilienknödel

Zwischengerichte und Suppen: Steinpilzsüppchen mit Petersilienknödel

Zubereitung:

Die Steinpilze putzen und etwas klein schneiden.
Die Kartoffel schälen und in kleine Würfel schneiden.
Beides mit den klein geschnittenen Schalotten in etwas Butter anschwitzen. Mit der Geflügelbrühe auffüllen und den Thymianzweig einlegen. Etwa 30 Minuten leicht köcheln lassen.
Den Thymianzweig entfernen und die Suppe mit dem Stabmixer fein pürieren. Zum Schluss die Sahne dazu geben und mit Salz, Pfeffer und Muskat würzen.

Das Weißbrot in feine Würfel schneiden. Die Zwiebel mit der Petersilie in Butter anschwitzen und über die Weißbrotwürfel geben.
Das Ei darüber schlagen und die warme Milch darüber gießen.
Mit Salz, Pfeffer und Muskat würzen.
Den Knödelteig locker vermengen und 20 Minuten ruhen lassen.
Kleine Knödel formen und in siedendem Salzwasser ca. 7 Minuten ziehen lassen.

Tipp:

Man kann auch getrocknete Steinpilze verwenden. Die Menge der Steinpilze verringert sich damit auf ein Zehntel.

Zutaten:

Steinpilzsüppchen:
- 250 g frische Steinpilze
- 2 Schalotten
- 1 mehlig kochende Kartoffel
- 1 Thymianzweig
- 500 ml Geflügelfond
- 100 ml Sahne
- 1 EL Butter
- Salz
- weißer Pfeffer aus der Mühle
- Muskatnuss

Petersilienknödel:
- 150 g Weißbrot ohne Rinde (Semmel vom Vortag)
- 2 EL Butter
- 1 Zwiebel
- 1 Bund Petersilie fein gehackt
- 1 Ei
- 50 ml warme Milch
- Salz
- Pfeffer weiß aus der Mühle

Zwischengerichte und Suppen:
Lauwarmer Pastasalat
Rotbarbe mit St. Jakobsmuschel und gefülltes Nudelblatt

Zutaten:

Rotbarbe und St. Jakobsmuschel:
- 4 St. Rotbarbenfilet
- 1 St. Thymianzweig
- 4 St. St. Jakobsmuscheln
- Öl zum Braten
- 1/2 St. Mango
- 1 St. Papaya
- verschiedene Salatspitzen
- Chicoree rot
- Frisee fein
- Cordifole oder Portulak
- Kerbelkraut

Mangovinaigrette:
- 1/2 Mango
- 1 Schalotte
- 3 EL Apfelsaft
- etwas frisch geriebener Ingwer
- 2 EL weißer Balsamicoessig oder Champagneressig
- 1 EL trockener Sekt
- 6 EL natives Olivenöl
- Salz
- Pfeffer weiß aus der Mühle

Kräuter zwischen hauchdünnem Nudelteig:
- 225 g Mehl
- 2 Eier
- 1 Eigelb
- Salz

Zubereitung:

Die Rotbarbenfilets entgräten und mit etwas Olivenöl einmarinieren. Die St. Jakobsmuscheln ebenfalls mit etwas Olivenöl einmarinieren. Die Salatspitzen küchenfertig machen und kühl stellen.
Von der Papaya kleine Perlen ausstechen. St. Jakobsmuscheln und die Rotbarbenfilets in wenig Olivenöl mit einem Thymianzweig auf jeder Seite 2 Minuten in einer Pfanne braten.
Die Mango schälen und eine Hälfte in Spalten schneiden. Von der anderen Hälfte die Segmente in kleine Würfel schneiden. Die Schalotte und den Ingwer in kleine Würfel schneiden und über die Mangowürfel verteilen. Mit weißem Balsamicoessig, Sekt, nativem Olivenöl, Salz und weißem Pfeffer verrühren.

Aus den Zutaten einen Nudelteig zubereiten. Die Muster zu zaubern, ist ganz einfach. Kräuterblätter nach Wahl zwischen zwei Nudelschichten legen und diesen dann hauchdünn ausrollen. Dadurch bekommen die Blätter ganz ungewöhnlich skurrile Formen.
Die Teigblätter in 8 x 10 cm große Rechtecken schneiden und in kochendem Salzwasser kochen.

Tipp:

Warm servierter Fisch und Muscheln mit marinierten Salatspitzen und Früchten ist eine besondere Spezialität, die in der »Posthalterei« großen Anklang findet.

Lauwarmer Pastasalat · Rotbarbe mit St. Jakobsmuschel und gefülltes Nudelblatt

Royal von Bachkrebsen

Zwischengerichte und Suppen: Royal von Bachkrebsen

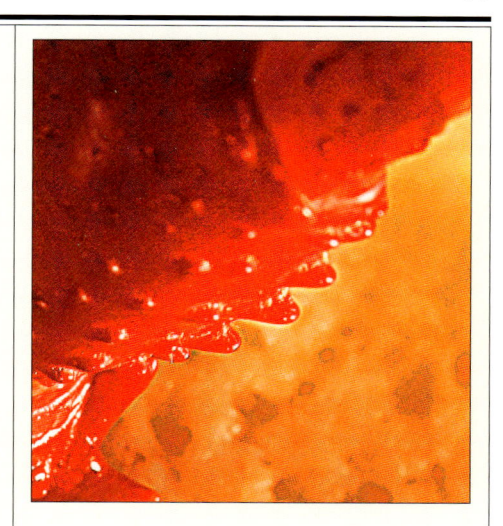

Zubereitung:

Die frisch aufgekochten Bachkrebse ausbrechen. Das Fleisch kalt stellen. Die Karkassen in wenig Olivenöl anbraten. Die vorbereiteten, klein geschnittenen Gemüse dazugeben und mit anschwitzen. Das Tomatenmark einrühren – Lorbeerblätter und Pfefferkörner zugeben, kurz mit anrösten. Mit den Flüssigkeiten, außer der Sahne, auffüllen.
Nach ca. 45 Minuten leichter Kochzeit den Fond passieren; jetzt die Sahne, Thymian und Koriander zugeben. Nach ca. 10 Minuten die Kräuter aus dem Fond nehmen; mit Cognac abschmecken.

Royal:

Ein klassisches Royal hat das Prinzip, den Grundfond bzw. Sahne mit Hilfe von Ei im Wasserbad bei 80 °C stocken zu lassen.
Das Grundrezept ist 100 g Flüssigkeit und 1 Ei. Ich verwende das Bachkrebs-Royal für Zwischengänge und als leichte Gerichte im Sommer.

Tipp:

Das Royal kann man gut als Einlage für klare Fischsuppen verwenden.

Zutaten:

Bisque von Bachkrebsen:
- 1 Korb frischer Bachkrebse
- 2 EL Olivenöl
- 100 g Schalotten
- 100 g Staudensellerie
- 100 g Lauch
- 100 g Fenchel
- 1 EL Tomatenmark
- 1 Tomate
- 2 Knoblauchzehen

Gewürze:
- 2 Lorbeerblätter
- 1 EL weiße Pfefferkörner
- 2 g Safran
- 1 Zweig Thymian
- 3 Zweige Koriander

Flüssigkeiten:
- 1/2 l Fischfond
- 100 ml Noilly Prat oder Martini
- 100 ml weißer Portwein
- 150 ml Riesling
- 500 ml Sahne
- 2 cl Cognac

Zutaten:

Bouillabaisefond:

- 1 kg Fischgräten
- 500 g Krustentierkarkassen
- 3 l Fischfond
- 1 l Geflügelfond
- 500 g Schalotten
- 2 Tomaten
- 1 Fenchel
- 1 EL Tomatenmark
- 1 Bd. Thymian
- 4 Lorbeerblätter
- etwas Knoblauch
- 100 ml Noilly Prat
- 0,5 l Weißwein
- 500 g Eiswürfel
- Olivenöl

Zubereitung:

Die Fischgräten und Krustentierhüllen in etwas Olivenöl anschwitzen. Das Gemüse in walnussgroße Stücke schneiden und mit anschwitzen. Tomatenmark einrühren, anschließend mit den Alkoholika auffüllen.
Zum Schluss mit Eiswürfeln bedecken.
Den Fond ca. 1/2 Stunde am Siedepunkt halten, nicht kochen. Zwischendurch das geronnene Fischeiweiß abschöpfen.
Die letzten zehn Minuten die Kräuter hinzugeben. Den Fond durch ein Passiertuch passieren.

Zwischengerichte und Suppen:
Bouillabaise von Atlantikfischen

ZWISCHENGERICHTE UND SUPPEN

Bouillabaise von Atlantikfischen

Tipp:

Den Fond knapp am Kochpunkt halten, so bleibt er garantiert klar. Die Eiswürfel verlängern den natürlichen Klärvorgang. Den so gewonnenen Bouillabaisefond kann man portionsweise einfrieren.

Zwischengerichte und Suppen:

Zutaten:

4 EL Olivenöl
100 g Lauch
100 g Schalotten
1 Fenchel
2 grüne Äpfel (Granny Smith)
100 g Staudensellerie
1 Stängel Zitronengras
(in feine Röllchen geschnitten)
2 St. Limonenblätter
4 EL Kokosflocken
1 St. Baby-Ananas
4 EL kalte Butter

Gewürze
1 EL gelbe Currypaste
1/2 EL Currypulver
2 g Safran
1 TL Meersalz (fleur de sel)
1 Prise Zucker

Flüssigkeiten
1/2 l Geflügelfond (oder Fischfond)
250 ml Sahne
100 ml weißer Portwein
100 ml Noilly Prat (oder Martini Dry)
100 ml Riesling

Einlage
1 Hummer
pro Person 2 frische
St. Jakobsmuscheln

Zubereitung:

Olivenöl erhitzen und dann das klein geschnittene Gemüse mit Zitronengras, Ananas und Apfel anschwitzen. Die Gewürze hinzufügen und alles kurz durchrühren. Jetzt die Kokosflocken und Limonenblätter hinzufügen und mit den Flüssigkeiten auffüllen. Kurz aufkochen und ca. 1/2 Stunde nur sieden lassen. Anschließend passieren. Kurz vor dem Servieren die kalte Butter mit einmixen.
Nicht mehr kochen lassen.

Hummerbutter

ZWISCHENGERICHTE UND SUPPEN

Curry vom Hummer und St. Jakobsmuscheln

Hauptgerichte

Sag mir, was du isst – und ich sag dir, wer du bist.

Fleisch hat noch immer den höchsten Stellenwert und wird noch immer innerhalb eines Menüs als Hauptgang angesehen. Dabei ist die Auswahl der Produkte, insbesondere die Fleischauswahl, am allerwichtigsten.

Unser höchstes Ziel sollte die richtige Wahl der Fleischqualität werden und nicht die der Fleischquantität. In der »Posthalterei« verwöhne ich meine Gäste mit ökologisch wertvollstem Fleisch, zum Beispiel mit Lammfleisch vom Schäfer Höhl aus der Rhön, Rind und Kalbfleisch aus der Thüringer Wald-Gemeinde Oberweißbach, Wild vom Jäger Raschert, Brot von der Bäckermeisterin Ilka Gritli Stay aus Utendorf und Schweinefleisch vom Bauer Kück. Da habe ich als Koch ein ruhiges Gewissen und gehe der Massentierhaltung mit all seinen schrecklichen Nebenwirkungen bewusst aus dem Weg. Der Weg hin zum bewussten Essen und Kochen beginnt natürlich beim Einkauf. Höchste Perfektion eines Fleischgerichtes erreicht man nur mit einer perfekten Fleischqualität. Wer erinnert sich nicht gern an den Duft eines Schweinebratens, der frisch aus dem Backrohr kommt.

Oberweißbacher Reveillon-Bulle

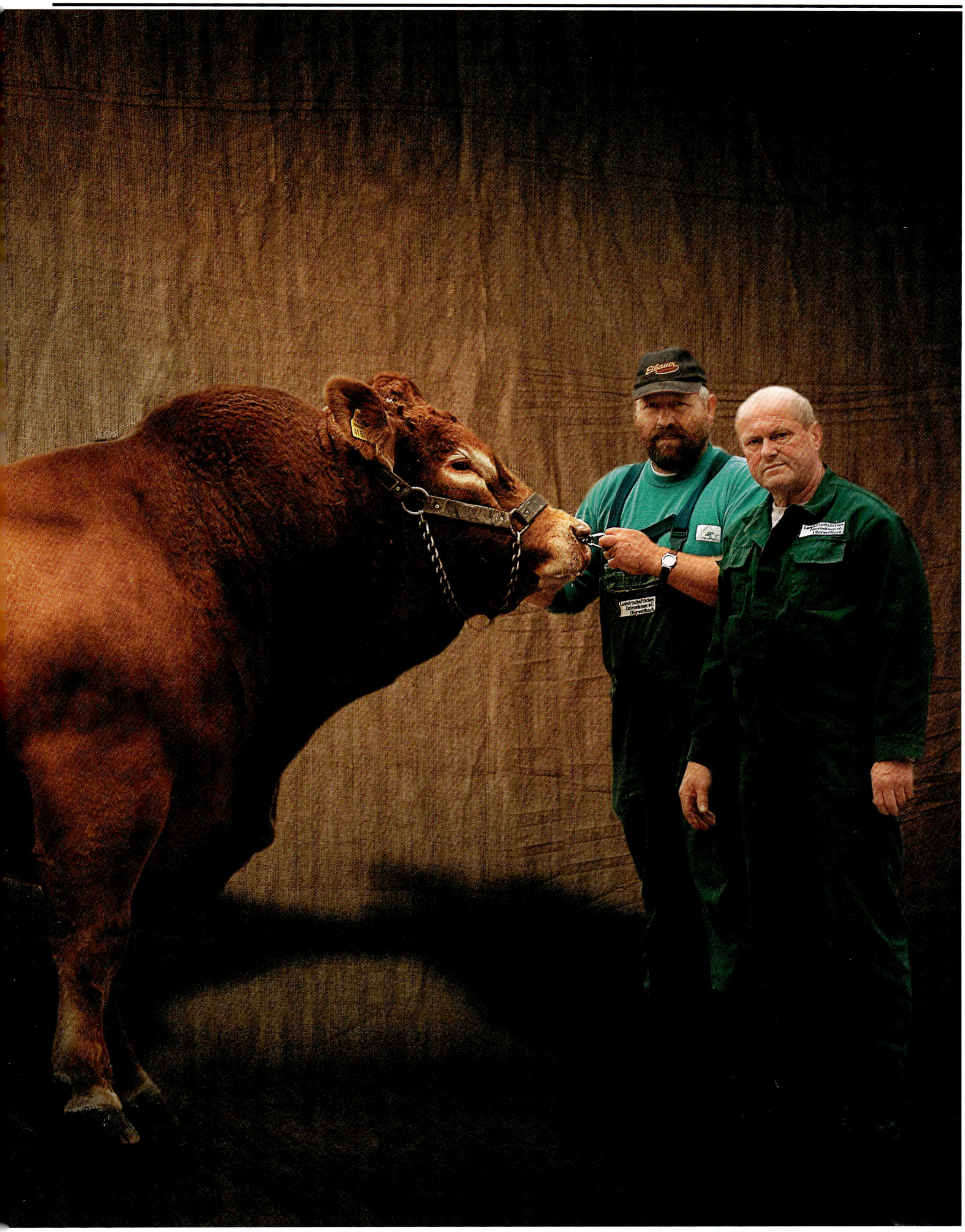

Hauptgerichte:
Kalbstafelspitz mit Suppengemüse

Zutaten:

1 St. Kalbstafelspitz
1 Stange Lauch
1/2 Sellerie
3 Möhren
1 Petersilienwurzel
4 Knoblauchzehen
1 Zwiebel
3 Lorbeerblätter
weiße Pfefferkörner
Senfkörner
Korianderkörner
1 Zweig Liebstöckel oder Maggikraut

Zubereitung:

Das Fleisch kurz von allen Seiten in wenig Pflanzenöl anbraten, jetzt erst salzen. Kaltes Wasser aufsetzen und das gewürzte Fleisch dazugeben. Bei geringer Hitze das Wasser zum Kochen bringen. Sofort runter mit der Hitze und nur noch sieden, so bleibt die Brühe mit Sicherheit klar. Die Zwiebel halbieren und in einer Pfanne mit wenig Öl und bei geringer Hitze schwitzen. Die Schale und die Röststoffe der Zwiebel geben der Brühe ihre goldene Charakteristik.
Eine halbe Stunde vor Garzeitende das Gemüse dazugeben und weich sieden lassen.
Die Brühe mit Salz, Muskat und abschmecken.

Tipp:

Um sicher zu gehen, dass das Fleisch saftig ist, zugleich aber die Brühe schmeckt und klar ist, empfehle ich, das Fleisch vorher kurz zu braten. Dazu passen am besten kleine in Butter und Schnittlauch geschwenkte Kartoffeln.

HAUPTGERICHTE

Kalbstafelspitz mit Suppengemüse

FEINSCHMECKERRESTAURANT »DIE POSTHALTEREI«

Gefüllter Kalbsschwanz auf Maispolenta

Hauptgerichte: Gefüllter Kalbsschwanz auf Maispolenta

Zubereitung:

Gefüllter Kalbsschwanz:
Den Kalbsschwanz in Stücke schneiden, von allen Seiten würzen und in heißem Olivenöl anbraten. Das Wurzelgemüse dazugeben und mit rösten. Das Tomatenmark und die klein geschnittenen Tomaten beifügen und mit Cognac ablöschen.
Anschließend Barolo, Madeira und den Portwein dazugeben.
Die Gewürze beifügen und mit Fleischbrühe auffüllen. Das Fleisch weich kochen, bis es sich von den Knochen löst. Dann das Fleisch herausnehmen, vom Knochen lösen und in vorgewärmte Tassen geben.
Die Soße passieren, den Rosmarinzweig dazugeben und nochmals 10 Minuten ziehen lassen. Anschließend den Rosmarinzweig wieder entnehmen.
Die Soße, wenn nötig, mit etwas angerührter Maisstärke abziehen.
Das Fleisch aus den Tassen stürzen und mit einem Lauchstreifen binden.

Maispolenta:
Den Kalbsfond oder die Geflügelbrühe mit dem Thymianzweig aufkochen und ca. 10 Minuten ziehen lassen. Den Zweig entfernen, nochmals aufkochen und den Maisgrieß einstreuen.
Gut verrühren und mit Salz, Pfeffer sowie Muskat würzen.
An einem warmen Ort abstellen.

Zutaten:

Gefüllter Kalbsschwanz:
1 St. Kalbsschwanz
4 EL Olivenöl
500 g Wurzelgemüse (Möhren, Lauch, Petersilienwurzel, Schalotten, Tomaten)
4 Tomaten
1 EL Tomatenmark
100 ml roter Portwein
200 ml Rotwein (Barolo)
100 ml Madeira
6 cl Cognac
2 Lorbeerblätter
1 Zimtstange
Wacholderbeeren
Pimentkörner
Rosmarin
1 l Fleischbrühe
4 Streifen vorblanchierter Lauch

Maispolenta:
300 ml Kalbsfond oder Geflügelbrühe
100 g Maisgrieß
2 EL Butter
Salz
weißer Pfeffer
Muskat
1 Zweig Thymian

Hauptgerichte:
Variation von der Taube und Feldhase in Morchelessenz

Taubenbrüstchen im Nussbiskuit
Törtchen von der Taube
Wildhasenrücken
Wildhasenkotelett im Spinatblatt

Zubereitung:

Taubenbrüstchen im Nussbiskuit:

Den Nussbiskuit auf die Länge der auseinandergespreizten Taubenbrüstchen zuschneiden. Mit der Geflügelfarce bestreichen und die blanchierten Spinatblätter auflegen. Nun die von allen Seiten gewürzten Taubenbrüstchen auf die Spinatblätter geben. Den Biskuit mit den Taubenbrüstchen aufrollen, in Klarsichtfolie einwickeln und nochmals mit Alufolie fixieren und ca. 20 Minuten bei 90 °C im Wasserbad pochieren.

Törtchen von der Taube:

Aus den Taubenschenkeln, Hähnchenbrustfilet, Salz, Pfeffer und Sahne eine Farce erstellen. Eine Hälfte der Farce mit dem Kräuterpüree vermischen. Nun einen Metallring mit dem blanchierten Lauchblatt aus der Ringwand auslegen und abwechslungsweise die zwei Farcen einfüllen. Gut mit Klarsichtfolie einwickeln. Mit Alufolie bedecken und im Wasserbad bei 90 °C 20 Minuten pochieren.

Feldhasenrücken und Feldhasenkotelett:

Den Rücken auf einer Seite ganz auslösen. Auf der anderen Seite die einzelnen Koteletts mit einem kleinen, spitzen Messer auslösen. Die Koteletts würzen, mit etwas Farce einstreichen und mit Spinatblättern einwickeln.
Die Koteletts nur in heißer Butter gar ziehen lassen. Den ausgelösten ganzen Rücken in heißem Öl anbraten. Rosmarinzweig dazugeben und im Rohr bei ca. 160 °C 10 Minuten garen.

Morchelessenz:

Aus den Zutaten eine Wildsoße herstellen. Die getrockneten Morcheln in Portwein einweichen. Eine Stunde vor dem Servieren die eingeweichten Morcheln und den Morchel-Portweinfond in die Soße geben und ziehen lassen.

Zutaten:

Taubenbrüstchen im Nussbiskuit:
- 4 Taubenbrüstchen schier (ausgelöst und ohne Knochen)
- 1 Nussbiskuit (Rezept siehe nächste Doppelseite »Rehrücken im Nussbiskuit«)
- 3 EL Geflügelfarce (Rezept siehe nächste Doppelseite »Rehrücken im Nussbiskuit«)
- 4 große Spinatblätter blanchiert

Törtchen von der Taube:
- 4 Taubenschenkel
- 100 g Hähnchenbrustfilet
- 50 g Kräuterpüree (Kerbel, Estragon, Petersilie, Bärlauch)
- Salz, weißer Pfeffer
- 1 grünes blanchiertes Lauchblatt
- 150 ml Sahne

Feldhase und Feldhasenkotelett:
- 1 Feldhasenrücken mit Knochen
- 2 EL Geflügelfarce
- 4 blanchierte Spinatblätter
- 1 Zweig Rosmarin

Morchelessenz:
- Knochen vom Feldhasen
- 6 EL Wurzelgemüse (Schalotten, Möhren, Lauch, Sellerie, Petersilienwurzel)
- 2 EL Pflanzenöl
- 1 EL Tomatenmark
- 1/2 l Geflügelfond
- 100 ml roter Portwein
- 100 ml Madeira
- 2 Lorbeerblätter
- Wacholderbeeren
- Rosmarin
- 4 EL getrocknete Morcheln
- 200 ml Portwein

Hauptgerichte: Gefüllte Taubenbrust und Gänseleberparfait mit Muscadogelee

Zubereitung:

Gänseleberparfait:

Die Gänseleber von Haut und Adern befreien und in kleine Stücke teilen.
Die Gänseleber mit Muskat, Salz, Zucker und weißem Pfeffer würzen.
Die Alkoholika darüber gießen und über Nacht ziehen lassen.
Eine kleine ofenfeste Terrinenform mit Speckscheiben dünn auslegen, die eingelegte Gänseleber darauf glatt verstreichen, etwas eindrücken und mit den überstehenden Speckscheiben abdecken. Die Form abdecken.
Die Terrinenform in ein heißes Wasserbad stellen und den Backofen auf 160°C vorheizen. Den Ofen ausschalten und die Terrine darin 10 bis 15 Minuten garen. Die Terrine sollte eine Kerntemperatur von 45°C nicht überschreiten.
Herausnehmen, auskühlen und fest werden lassen.

Gefüllte Taubenbrust:

Die Taubenbrust von Haut, Adern und Sehnen befreien. An der innen liegenden Seite der Taubenbrust (die etwas erhöhte Seite) eine Tasche bis in das äußere Drittel schneiden und aufklappen.
Die Gänseleber in Scheiben schneiden, mit Salz, weißem Pfeffer aus der Mühle und etwas Lebkuchengewürz würzen. Den Blattspinat waschen, in kochendem Wasser kurz blanchieren, in Eiswasser abschrecken und auf Küchenpapier trocken tupfen. Die Gänseleberscheibe mit Blattspinat umwickeln und in die vorbereitete Taubenbrusttasche geben. Die Brust gut verschließen. Von allen Seiten mit Salz und frischem Pfeffer aus der Mühle würzen.
Das Hähnchenbrustfleisch fein schneiden, mit Salz und weißem Pfeffer würzen und mit der Sahne zu einer geschmeidigen Masse am Küchenmixer mixen. Die Hähnchenfarce in der vorbereiteten Tasche verteilen.
Die gefüllte Taubenbrust in Schweinenetz hüllen und in Olivenöl von allen Seiten anbraten.
Im Backofen bei 160°C ca. 4 Minuten von jeder Seite rosa braten.

Zutaten:

Gefüllte Taubenbrüstchen:

2 Taubenbrüstchen
1 Gänseleber
100 g Hähnchenbrustfleisch
100 g Sahne
Salz
weißer Pfeffer aus der Mühle
Lebkuchengewürz
1 Schweinenetz
etwas Öl zum Anbraten
1 Rosmarinzweig

Gänseleberparfait:

500 g Gänseleber
Salz
weißer Pfeffer
Zucker
Muskat
20 ml Portwein weiß
20 ml Noilly Prat
20 ml Cognac oder Armagnac
10 ml Madeira
ca. 10 Scheiben grünen Speck

Tipp:

Dazu passen vorzüglich gut gereifte schwarze Feigen.
An heißen Sommertagen kann dieses Gericht als Hauptgang serviert werden.

FEINSCHMECKERRESTAURANT »DIE POSTHALTEREI«

FEINSCHMECKERRESTAURANT »DIE POSTHALTEREI«

Variation von der Taube und Feldhase in Morchelessenz
(Rezept siehe Seite 92)

FEINSCHMECKERRESTAURANT »DIE POSTHALTEREI«

HAUPTGERICHTE

*Gefüllte Taubenbrust
(Rezept siehe Seite 93)*

FEINSCHMECKERRESTAURANT »DIE POSTHALTEREI«

HAUPTGERICHTE

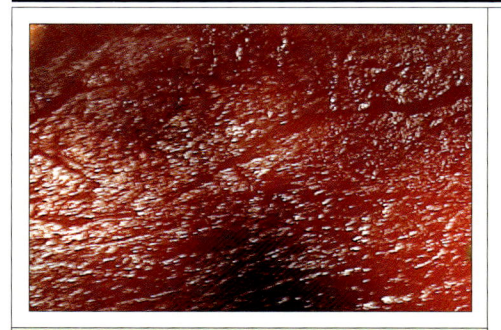

Hauptgerichte:
Rehrücken im Nussbiskuit in Ginsoße mit Birnenkartoffel

Zutaten:

Rehrücken im Nussbiskuit:
- 400 g Rehrücken schier (ausgelöst ohne Knochen und Silberhaut)
- 100 g Hähnchenbrustfilet
- 100 g süße Sahne
- 1 Prise Salz
- 1 EL Martini
- weißer Pfeffer

Nussbiskuit:
- 2 cl Haselnussbrand
- 3 Eigelb
- 1 EL Honig
- 4 Eiklar
- 1 Prise Salz
- etwas Zitronensaft
- 40 g Mondamin
- 1 TL Haselnusspaste
- 1 TL Haselnüsse gerieben und geröstet

Ginsoße:
- 300 ml Wildsoße
- 100 ml roter Portwein
- 4 cl Gin
- 1 EL kalte Butterwürfel

Birnenkartoffel:
- 1 kg Kartoffeln
- 3 Eigelb
- 30 g Butter
- Salz
- Muskat

Panade:
- Semmelbrösel
- 1 Ei Mehl

HAUPTGERICHTE

Zubereitung:

Nussbiskuit:

Die Eigelb mit Honig und dem Haselnussbrand aufschlagen. Die Haselnusspaste mit dazu aufschlagen und die Mondamin-Maisstärke mit einarbeiten.

In der Zwischenzeit das Eiklar mit Salz und Zitronensaft steif schlagen. Die Eigelbmasse unter den Eischnee heben, die Haselnussbrösel einrühren.

Die Biskuitmasse auf einer Backmatte ausstreichen und 4 Minuten bei 200 °C backen. Den Biskuit auskühlen lassen und anschließend auf die Länge des Rehrückens zuschneiden.

Aus dem Hähnchenbrustfilet, Sahne, Salz, Martini und weißem Pfeffer eine Geflügelfarce herstellen.

Den Biskuit mit der Farce einstreichen. Den mit Salz gewürzten Rehrücken auflegen und in den Biskuit einrollen. Die Rolle straff in Frischhaltefolie einwickeln. Als Schutz vor Hitze und Wasser nochmals in Alufolie einwickeln. Jetzt die Rolle ca. 25 Minuten in 90 °C heißem Wasser pochieren. Die Kerntemperatur sollte ca. 56 °C betragen.

Birnenkartoffel:

Die Kartoffeln schälen und in reichlich Salzwasser weich kochen. Abschütten und nochmals 5 Minuten bei 180 °C in das Backrohr geben, um die restliche Flüssigkeit verdampfen zu lassen.

Nun die Kartoffeln durch eine Kartoffelpresse drücken. Mit Salz sowie Muskat würzen und mit den Eigelben und Butter aufrühren.

Aus der Masse gleich große Birnen formen. In Mehl, Ei und Semmelbrösel panieren und in heißem Fett ausbacken.

Rehrücken im Nussbiskuit

Hauptgerichte:
Lammrücken auf Gemüsemosaik und gefülltes Tortellini mit Lammragout

Zutaten:

Lammrücken auf Gemüsemosaik:
- 400 g ausgelöster Lammrücken
- 4 EL Geflügelfarce (Rezept siehe vorherige Doppelseite »Rehrücken im Nussbiskuit«)
- 1 blanchiertes Lauchblatt
- 8 blanchierte Scheiben von der Karotte
- 1 Thymianzweig

Tortellini mit Lammragout:
- 800 g Lammschulter
- 2 Schalotten
- 2 Knoblauchzehen
- 1 Möhre
- 1 Staudensellerie
- 1/2 TL Tomatenmark
- 100 ml roter Portwein
- 100 ml Madeira
- 4 EL Olivenöl
- 1 Rosmarinzweig
- 1/2 l Geflügelfond

Zubereitung:

Lammragout:
Das Lammfleisch in kleine Würfel schneiden. In wenig Olivenöl anbraten und das in feine Würfel geschnittene Gemüse dazu geben. Mit etwas Tomatenmark verrühren. Kurz anrösten bevor man mit den Flüssigkeiten auffüllt. Bei geringer Hitze das Ragout gar ziehen lassen.
Eine Viertelstunde vor Garende den Rosmarinzweig dazugeben. Das Ragout sollte eine breiige Konsistenz erreicht haben. So lässt es sich gut in ein Nudelblatt einwickeln.

HAUPTGERICHTE

Lammrücken auf Gemüsemosaik und gefülltes Tortellini mit Lammragout

Schäfermeister Höhl mit Helfer

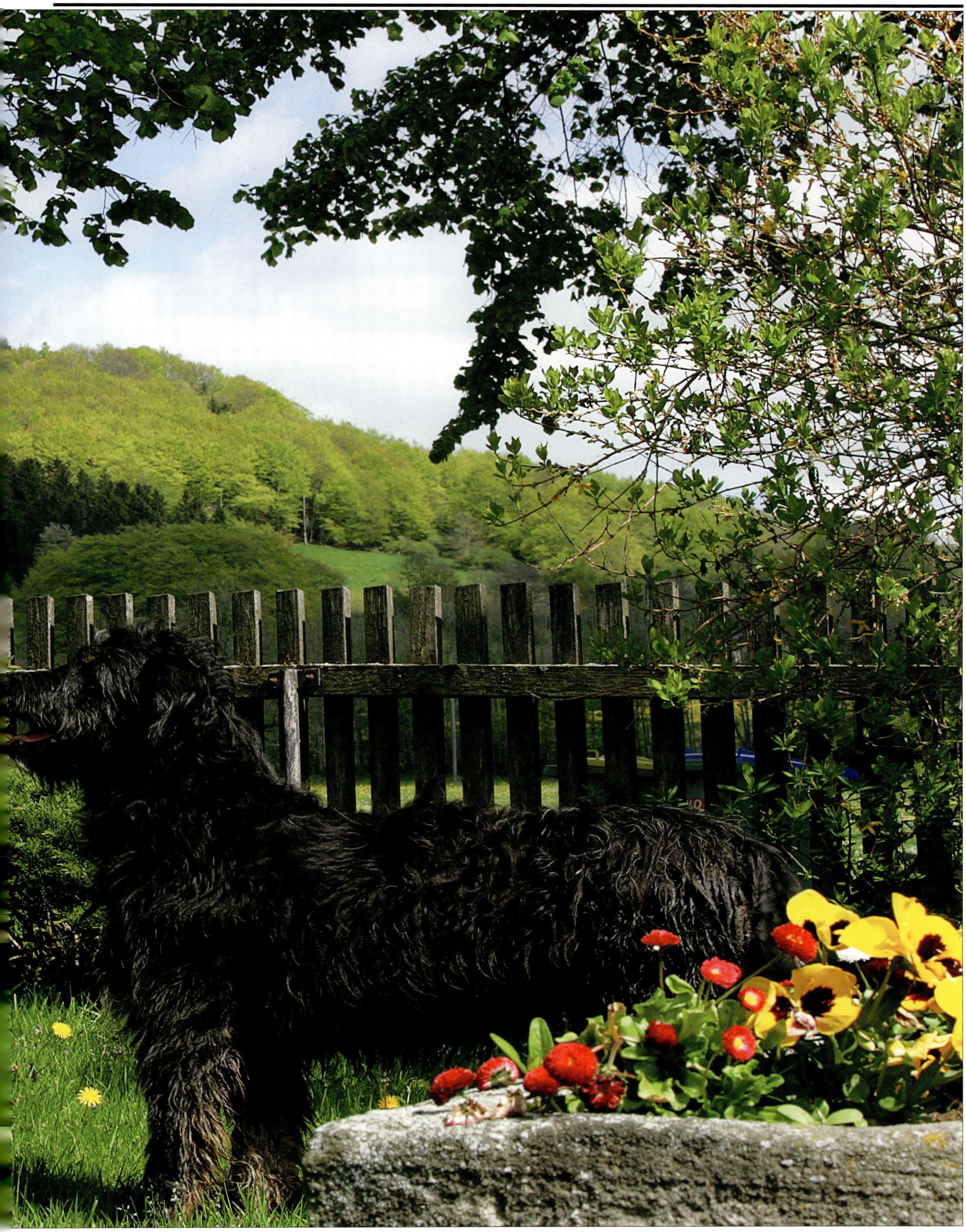

Fischeinkauf und Verarbeitung in der Küche

Unbestritten, Fisch ist eine Delikatesse, die zu den edelsten und hochwertigsten Nahrungsmitteln gehört. Moderne ausgeklügelte Liefersysteme machen es möglich, von der ganzen Welt die edelsten See-, Meeres- und Flussfische innerhalb von 48 Stunden frisch angelandet zu kaufen. Immer mehr erhöht sich der Stellenwert von Fisch und Meeresfrüchten in der Küche.
Für eine gesunde Ernährung stehen sie seit jeher an erster Stelle. Große Köche und Gourmets widmen sich dem Fisch, denn er verlangt die größte Sorgfalt bei der Verarbeitung und Zubereitung. Frischen makellosen Fisch erkennen Sie an folgenden Kriterien:
leuchtend rote Kiemen, klare hervortretende Augen, festes Fleisch (Druckprobe). Das Fleisch muss noch Spannung haben und muss jeden Druck sofort wieder ausgleichen. Die Fleischränder dürfen auf keinen Fall ausgetrocknet sein, die Schleimhaut muss vollständig über dem ganzen Fisch vorhanden sein. Das Fleisch muss im Anschnitt glatt und seidig glänzen. Ein frischer Fisch hat keinen ausgeprägten Geruch, bestenfalls darf er nach seinem Element – dem Meer, See oder Fluss duften. Für die kreative Verarbeitung in der Küche stellt Fisch sich in unbegrenztem Umfang dar.
In der »Posthalterei« werden wir jeden zweiten Tag mit frischem Fisch beliefert. Nicht der Preis des Produktes ist ausschlaggebend, nicht der Edelfisch, sondern einzig und allein die Frische!

HAUPTGERICHTE

Hauptgerichte:
Sauté von Rotbarben, Froschschenkel, Langustinen und Hummer im Melonen-Pfefferschaum

Zutaten:

4 Rotbarben oder Meerbarben	**Melonen-Pfefferschaum:**
4 Paar Froschschenkel	100 ml Sauternes
4 St. Langustinen	100 ml Noilly Prat
1 St. Hummer	50 ml Riesling
2 EL Olivenöl	100 ml frisch gepresster Melonensaft
1 Rosmarinzweig	2 EL grüne Pfefferkörner
1 Charentias Melone	300 ml Fischfond
2 EL feine Würfel Staudensellerie	100 ml Sahne
Fleur de Sel	2 EL kalte Butter

Zubereitung:

Die Rotbarben, Froschschenkel, Langustinen und Hummer küchenfertig vorbereiten. Butter in einem Topf aufschäumen. Aus der Melone Perlen ausstechen und mit Staudensellerie anschwitzen. Die Langustinen, Froschschenkel und den Hummer leicht glasig mit anschwitzen. Die Rotbarbenfilets separat mit etwas Olivenöl und Rosmarin anbraten. Das Sauté mit Fleur de sel abschmecken.

Melonen-Pfefferschaum:
1 EL Butter aufschäumen und leicht anschwitzen. Mit Sauternes, Noilly Prat, Riesling, Melonensaft und Fischfond auffüllen und ca. 10 Minuten leicht köcheln. Anschließend durch ein feines Sieb gießen. Sahne zugeben und mit der kalten Butter aufmontieren.

Anrichten:

Einen tiefen Teller vorwärmen. Das Sauté von Froschschenkel, Langustinen und Hummer verteilen. Mit dem aufgeschäumten Melonen-Pfefferschaum auffüllen und die Rotbarben auflegen.

HAUPTGERICHTE

Sauté von Rotbarben, Froschschenkel, Langustinen und Hummer

Hauptgerichte:
Steinbutt in Limetten-Chilisoße und lauwarmes Bachkrebsgelee gebackenes Gemüsesushi

Steinbutt in Limetten-Chilisoße und lauwarmes Bachkrebsgelee

HAUPTGERICHTE

Zutaten:
- 1 Steinbutt
- Olivenöl
- Salz, weißer Pfeffer aus der Mühle

Bachkrebsgelee:
- 150 g Bachkrebsfleisch
- 100 ml Bachkrebsfond
- 0,25 g Agar Agar

Limetten-Chilisoße:
- 100 g Zitronengras
- 1 EL Erdnussöl
- 50 g Schalottenwürfel
- 2 St. Limonenblätter
- 20 g Staudenselleriewürfel
- 20 g Fenchelwürfel
- 1 TL gehackter Ingwer
- 1/2 Chilischote
- 200 ml Fischfond
- 100 ml Noilly Prat
- 300 ml Sahne
- 2 Zitronenthymianzweige
- 1 Langpfeffer

Zubereitung:

Zubereitung Steinbutt:
Den Steinbutt in gleich große Stücke schneiden, mit Salz und Pfeffer würzen. In heißem Olivenöl von beiden Seiten ca. 2 Minuten braten.

Zubereitung Limetten–Chilisoße:
Zitronengras klein schneiden, mit Schalottenwürfeln, Staudensellerie, Fenchelwürfeln, Ingwer, Chilischote und Limonenblättern in Erdnussöl anschwitzen. Mit Fischfond und Noilly Prat ablöschen. 20 Minuten leicht köcheln lassen. Zitronenthymianzweige und Langpfeffer einlegen und nochmals 10 Minuten ziehen lassen. Durch ein feines Sieb passieren. Sahne zugeben und wenn nötig mit etwas Butter montieren.

Zubereitung Bachkrebsgelee:
Bachkrebsfond aus den Bachkrebskarkassen herstellen (Rezept siehe Bouillabaisefond). Den heißen Bachkrebsfond mit dem Agar Agar-Pulver verrühren, nochmals kurz aufkochen. Die Bachkrebse zum Fond geben, in eine Form füllen, fest werden lassen.

Tipp:
Zu diesem Gericht passen sehr gut Melonen und Litschi.

Hauptgerichte:
Wolfsbarsch mit Erdnussreis

Zutaten:

1 Wolfsbarsch ca. 1 kg
2 EL Olivenöl
1 Rosmarinzweig
2 Knoblauchzehen
Salz – Fleur de sel
weißer Pfeffer
200 g Basmatireis

50 g Erdnüsse
50 g getrocknete Cranberries
1 Ingwerwurzel
1 Zitronengraszweig
50 g Cashewkerne
2 EL Butter

Zubereitung:

Die Wolfsbarschfilets in wenig Olivenöl unter Zugabe von Rosmarin, Knoblauch und Ingwer glasig braten.
Den Basmatireis in Salzwasser und mit einem Zitronengraszweig gar kochen, abschütten und heiß halten.
In der Zwischenzeit die Erdnüsse, Cashewkerne, fein gehackten Ingwer und die Cranberries in Butter andünsten. Den heißen Reis löffelweise unterrühren. In einem Bastkorb servieren.

Tipp:

Den zubereiteten Reis in einen Bastkorb füllen. In einem Topf einen Sud aus Wasser, Jasminblütenblättern und Zitronengras bereiten. Den Bastkorb darüber stellen und dämpfen lassen, servieren.

HAUPTGERICHTE

Wolfsbarsch mit Erdnussreis

Hauptgerichte:
Lauwarmer Hummer und Hummer im Zucchinimantel Vierfreudenravioli

Zutaten:

2 St. Hummer
200 g Zanderfilet
200 ml Sahne
Salz
Pernod
Pfeffer aus der Mühle
1 Zucchini

»Vierfreudenravioli«:
1 Ei
1 Eigelb
1 EL Olivenöl
Salz
200 g Mehl
1 rote Paprikaschote
1 gelbe Paprikaschote
1 grüne Paprikaschote
1 Tomate

Vinaigrette

Garnituren

Zubereitung:

Den Hummer kopfüber in kochendes Salzwasser geben und 4 Minuten garen. Faustregel pro 100 g Lebendgewicht – 1 Minute Kochzeit. Herausnehmen, kalt abschrecken, das Hummerfleisch ausbrechen und beiseite legen. Die Innereien entfernen. Aus den Gelenken und dem Panzer sämtliche Fleischstückchen auslösen.

Das Zanderfilet klein schneiden, mit Sahne, Pernod, Salz und Pfeffer aus der Mühle eine Farce erstellen. Dabei die gesamten Zutaten in einen eiskalten Mixer und miteinander zu einer geschmeidigen Masse aufmixen. Die Zucchini in feine Scheiben schneiden. In kochendem Salzwasser blanchieren, anschließend in Eiswasser abschrecken. Auf einem Küchenkrepp trocken tupfen. Die einzelnen Scheiben leicht überlappend auf einer Klarsichtfolie auslegen. Mit Zanderfarce bestreichen, mit Hummer belegen und mit Hilfe der Klarsichtfolie aufrollen. An beiden Enden fixieren und in 80 °C heißem Wasser ca. 20 Minuten pochieren.

HAUPTGERICHTE

Lauwarmer Hummer und Hummer im Zucchinimantel

»Vierfreudenravioli«:

Aus den Zutaten einen Nudelteig erstellen. Pro Ravioli 1 Teelöffel Paprika von jeder Farbe in kleinste Würfel schneiden. Die Tomate enthäuten und ebenfalls in kleinste Würfel schneiden. Den Nudelteig formen und mit dem Gemüse füllen. In einen Bambusdämpfer legen und ca. 8 Minuten dämpfen.

Tipp:

Diese Form der Ravioli bedarf etwas Übung und Geschick. Zu erlernen in einer meiner Kochkurse oder sie falten die Ravioli zu einer geschlossenen Teigtasche.

Zwischengerichte und Suppen: Weihnachtliches Pot au feu von Stubenküken

Zutaten:

2 Stubenküken
1 Hähnchenbrust
150 ml Sahne
Salz
Pfeffer aus der Mühle
3 EL Gemüsewürfel
(Lauch, Karotte, Sellerie)
etwas Blattspinat
1 Schweinenetz
200 g Wurzelgemüse:
Zwiebel
Petersilienwurzel
Sellerie
Karotten
Lauch
Knoblauch
1 l Geflügelfond
150 ml Weißwein
2 Lorbeerblätter
1 Thymianzweig
1 Nelke
2 Pfefferkörner

Zubereitung:

Die Brüste und die Keulen von der Karkase auslösen. Von beiden Teilen die Haut ablösen. Von der Keule den Oberschenkelknochen entfernen und den Unterschenkelknochen freilegen. Die Brust ohne Knochen auslösen. Die Hähnchenbrust in kleine Würfel schneiden und mit der Sahne, Salz und Pfeffer zu einer Farce verarbeiten.
In die Farce die vorgefertigten Gemüsewürfel geben und kalt stellen. Die Stubenküken auf ein Arbeitsbrett legen, etwas salzen, das blanchierte Spinatblatt auflegen, etwas Gemüsefarce darauf geben. Mit dem Spinatblatt bedecken. Die ausgelöste Stubenkükenbrust auf die Farce legen. Das fertig geformte Kotelette in Schweinenetz einwickeln und in wenig Öl im Backofen ca. 12 Min bei 180 °C braten.

Die freigelegten Karkassen mit einem schweren Messer klein hacken und in wenig Öl anbraten. Das Wurzelgemüse dazugeben und goldgelb braten. Anschließend mit dem Geflügelfond und Weißwein auffüllen. Die Kräuter und Gewürze dazugeben und ca. 1/2 Stunde leicht köcheln. Durch ein Sieb passieren und nochmals abschmecken.
Das Kotelette aufschneiden und in die Brühe legen.

ZWISCHENGERICHTE UND SUPPEN

Weihnachtliches Pot au feu von Stubenküken

Verarbeitung:
Meerestiere und Muscheln

Mein Lieblings-Krustentier, wenn man es so bezeichnen will, ist der Hummer. Kein Feinschmecker-Menü ohne Hummer. Ebenso wie beim Fisch ist auch hier »Frische« oberstes Gebot. Deshalb wird Hummer nur frisch angeliefert.
Die Scheu vor dem Umgang mit lebenden Tieren ist immer noch der größte Überwindungspunkt, wenn es um das Töten der Tiere in kochend heißem Wasser geht.
Austern, St. Jakobsmuscheln, Miesmuscheln und Venusmuscheln müssen fest geschlossen sein bzw. bei leichtem Anklopfen sich sofort verschließen. Alle Schalentiere, die man roh anbieten möchte, dürfen erst kurz vor dem Verzehr geöffnet werden. Am besten schmecken Austern und Co. in den Wintermonaten, also von Oktober bis Februar.
Beim Hummer ist es umgekehrt, obwohl er um die Weihnachtszeit am häufigsten bestellt wird, ist er in den Sommermonaten am saftigsten und wertvollsten.

VERARBEITUNG: MEERESTIERE UND MUSCHELN

Willkommen in der »Kutscherstube«

Neben dem Feinschmeckerrestaurant »Die Posthalterei« erwartet die »Kutscherstube« diejenigen Gäste, denen thüringische und niederbayrische Küchenspezialitäten kulinarischer Ausdruck der Region sind. In behaglicher Atmosphäre, bei zünftigen Gerichten findet der Besucher auch hier zahlreiche Details in der Ausstattung, die Zeugnis von der reichen Geschichte der Meininger Post und des Hauses ablegen.

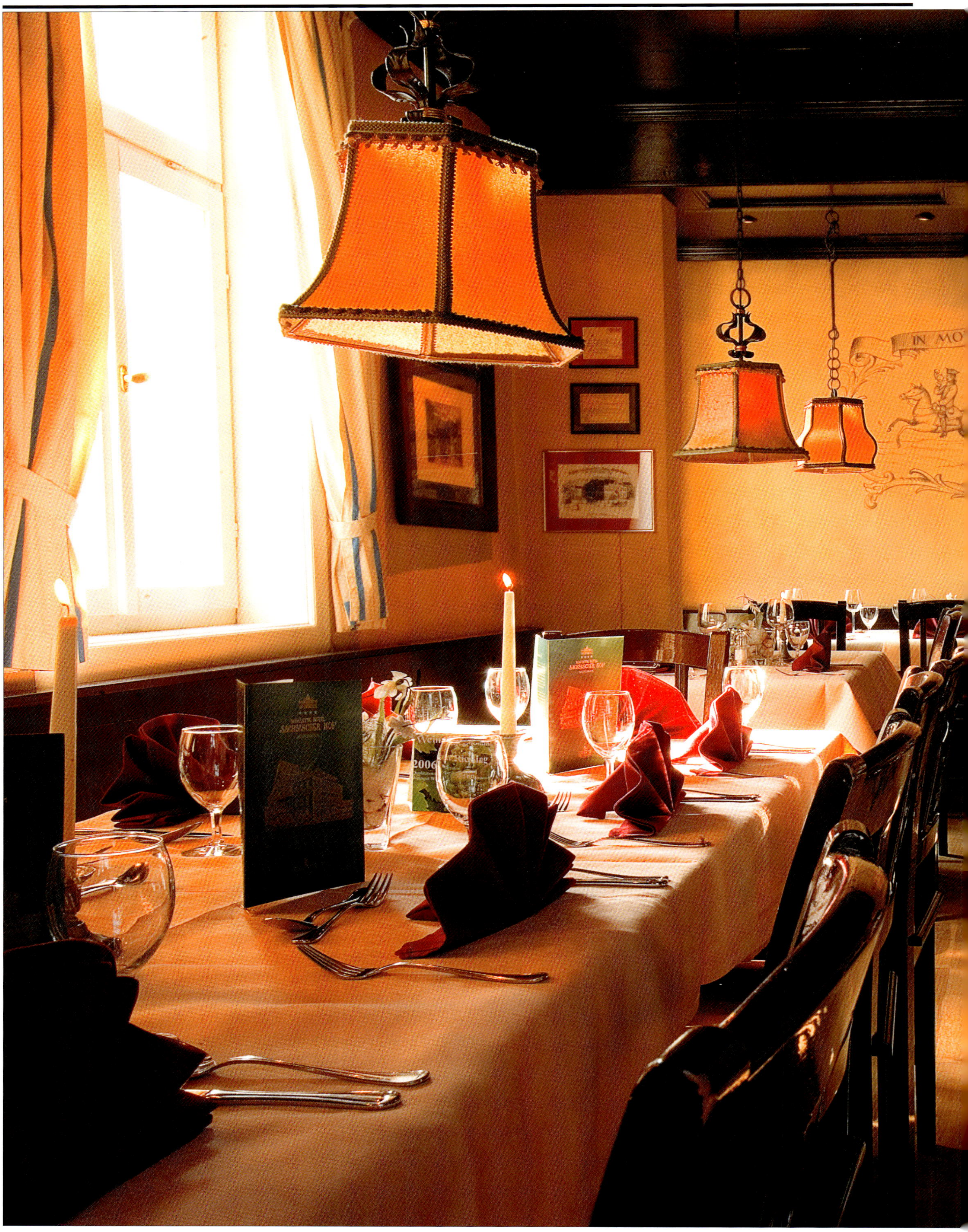

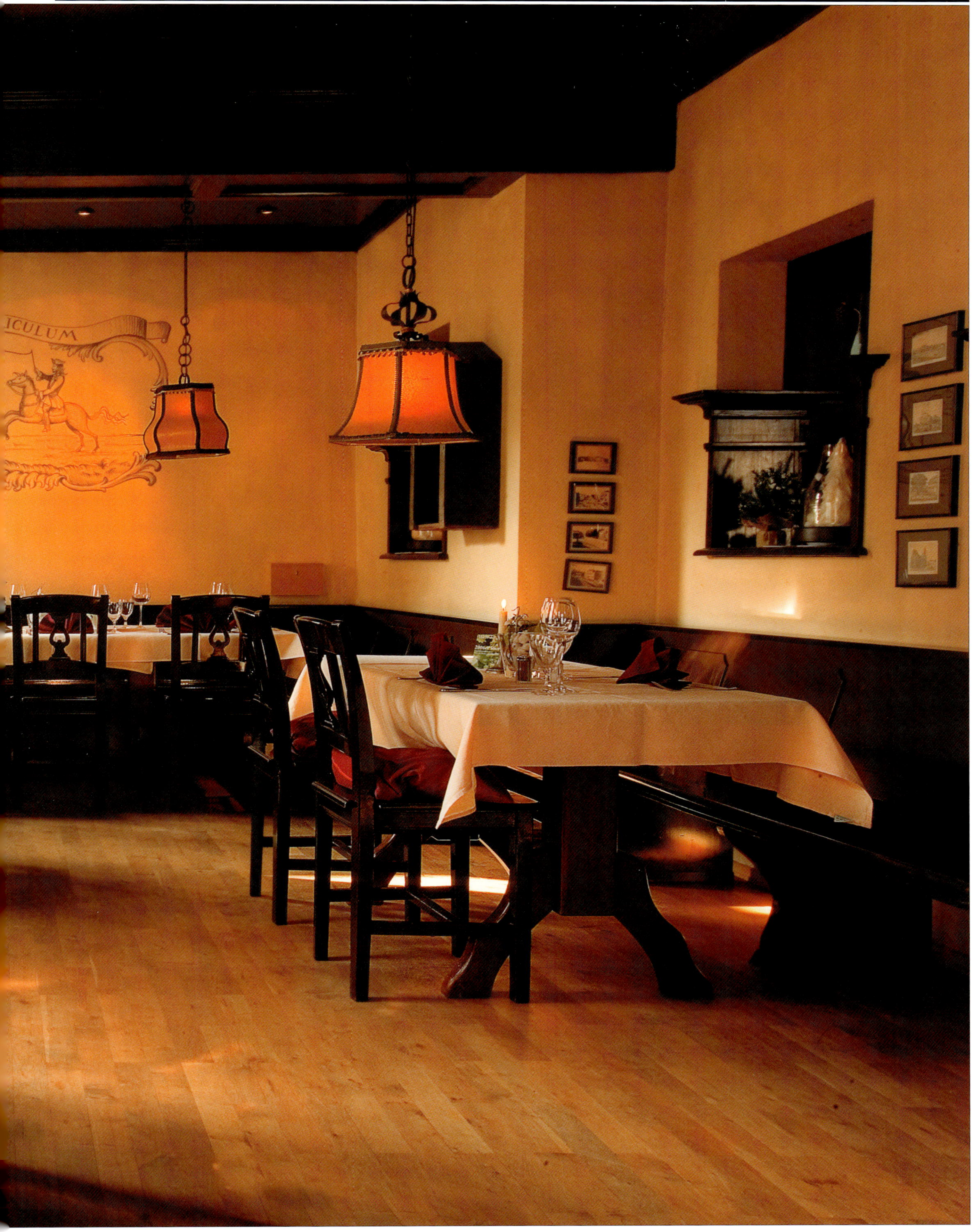
ICULUM

WILLKOMMEN IN DER »KUTSCHERSTUBE«

Thüringische und niederbayrische Gerichte

Thüringische und niederbayrische Gerichte:
Gänsebraten à la Gastkoch Matthias Kaiser

Anders als die Ente, die ob ihrer Größe (für einen zuviel – für zwei zu wenig) in Thüringen als »närrsch's Viech« bezeichnet wird, behandelt der Einheimische die Gans mit Respekt. Erprobt als untrennbarer Bestandteil seines Lebens, bekundet er ihr gegenüber eine fast sakrale Ehrfurcht – bis zu dem Augenblick jedenfalls, wo er anfängt sie zu verspeisen.

Älter als der Thüringer Kloß, begleitete die Gans den Thüringer ganz sicher schon seit der Völkerwanderung, durchs Mittelalter bis hinein in die Neuzeit. Sicherlich hat auch kaum ein Rezept in der Geschichte des Essens allen Versuchen der Geschmacksverfälschung so hartnäckig widerstanden, wie die Art und Weise, wie der Thüringer seine Gans brät.

Dazu bedarf es im Übrigen keiner Kochausbildung, sondern nur gesunden Menschenverstandes. Die Gänsebratensaison wird in Thüringen am St. Martinstag eröffnet und endet meist am zweiten Weihnachtsfeiertag.

Die Tradition, Weihnachten Gänse zu essen, geht übrigens auf die englische Königin Elisabeth I. zurück, die Weihnachten 1588 gerade an einem Gänsekeulchen knabberte, als ein Bote hereinstürmte und die Nachricht vom glorreichen Sieg über die große Armada König Philipps von Spanien überbrachte. Im Gedenken an diese erfolgreiche Schlacht wurde der Gänsebraten zur weihnachtlichen Sitte, die eines Tages auch in Deutschland Einzug hielt.

Rezept für die Urvariante des Gänsebratens

Für 4 Personen mindestens

Zutaten:

1 Gans ab 3 kg
(kann eigentlich niemals groß genug sein)
Möhren, Sellerieknolle, Lauch, Zwiebeln,
saure Äpfel, saure Sahne,
Pfeffer, Salz, gerebbelter Majoran,
getrockneter Beifuß, Lorbeerblatt,
Thymianzweige (wenn möglich frisch),
Piment, Wasser

Natürlich ist es von Vorteil, wenn Sie eine frische Gans braten, doch auch gefrorene Gänse sind heutzutage qualitativ hochwertig. In jedem Falle muss die Gans vor der Zubereitung innen und außen gut abgewaschen und mit

Küchenpapier oder einem Leinentuch ordentlich trocken gerieben werden. Auf den Rücken legen und die Flügel unter denselben drehen und unterhalb der Flügel mehrmals in die Haut stechen, damit das Fett besser ablaufen kann.

Danach das überschüssige Fett heraus nehmen – gibt prima Schmalz.

Die Gans von innen und außen kräftig mit Pfeffer und Salz, innen zusätzlich mit den getrockneten Kräutern, einreiben. Mit Äpfeln, Zwiebeln, einer kleinen Möhre, dem Thymian und dem Beifuß den Hohlraum prall füllen, mit Rouladennadeln oder Küchenzwirn fest verschließen. In einen nach Möglichkeit gusseisernen mit ca. 2 cm Wasser gefüllten Bräter mit der Brust nach unten legen und für 60 bis 70 Minuten in eine mit 220 °C Ober- und Unterhitze vorgeheizte Backröhre schieben.

Nach dieser Zeit die Gans wenden und unter kleinerer Hitze zwischen 140 bis 150 °C mindestens weitere zwei Stunden langsam brutzeln lassen. In den sich bis dahin gebildeten Bratenfond gebe ich jetzt klein geschnittene Würfel von Sellerie, Möhren und Zwiebeln – eine Viertelstunde vor Bratende dann noch einen geschnittenen Stängel Lauch, ein großes Lorbeerblatt und etwas Piment. Anschließend alle zehn Minuten mit einer kleinen Suppenkelle (Vorsicht Finger nicht verbrennen!) die Gans mit dem Bratenfond aus dem Bräter übergießen.

Kurz bevor die Gans fertig ist, die Gans herausnehmen und auf einen Gitterrost legen; mit eiskaltem Wasser bepinseln, in das man vorher Salz aufgelöst hat. Dadurch wird die Haut besonders knusprig.

Den Bratenfond löst man vom Boden des Bräters unter Zuhilfenahme eines Holzspachtels, und nachdem man das überschüssige Fett abgeschöpft hat, veredelt man die Sauce mit einem Liter saurer Sahne, schüttet sie anschließend durch ein Sieb in einen kleinen Topf und würzt nach. Kurz bevor der Braten aufgetragen wird, schlägt man die Sauce noch einmal mit einem Schneebesen kräftig auf und Sie werden feststellen, dass eine Bindung mit Mehl oder Stärke nicht notwendig ist.

Vor dem Servieren portionieren Sie die Gans, legen die innen mitgeschmorten Äpfel und Zwiebeln an den Tellerrand. Beides kann man aber auch durch ein Sieb schlagen, um damit die Sauce zu verfeinern.

Mit dem Gänsebraten ist es wie mit den Thüringer Klößen – je schlichter die Zutaten, desto originaler das Ergebnis. Alle Versuche, zu experimentieren und den Gänsebraten durch weitere Zutaten zu okulieren, sind fehlgeschlagen.

Tun Sie's einfach in alter Väter-Sitte!

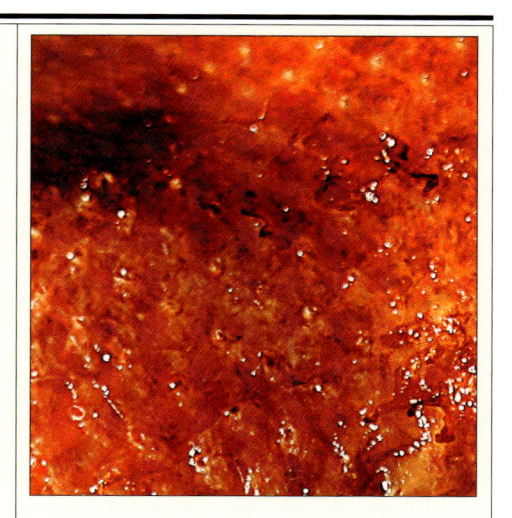

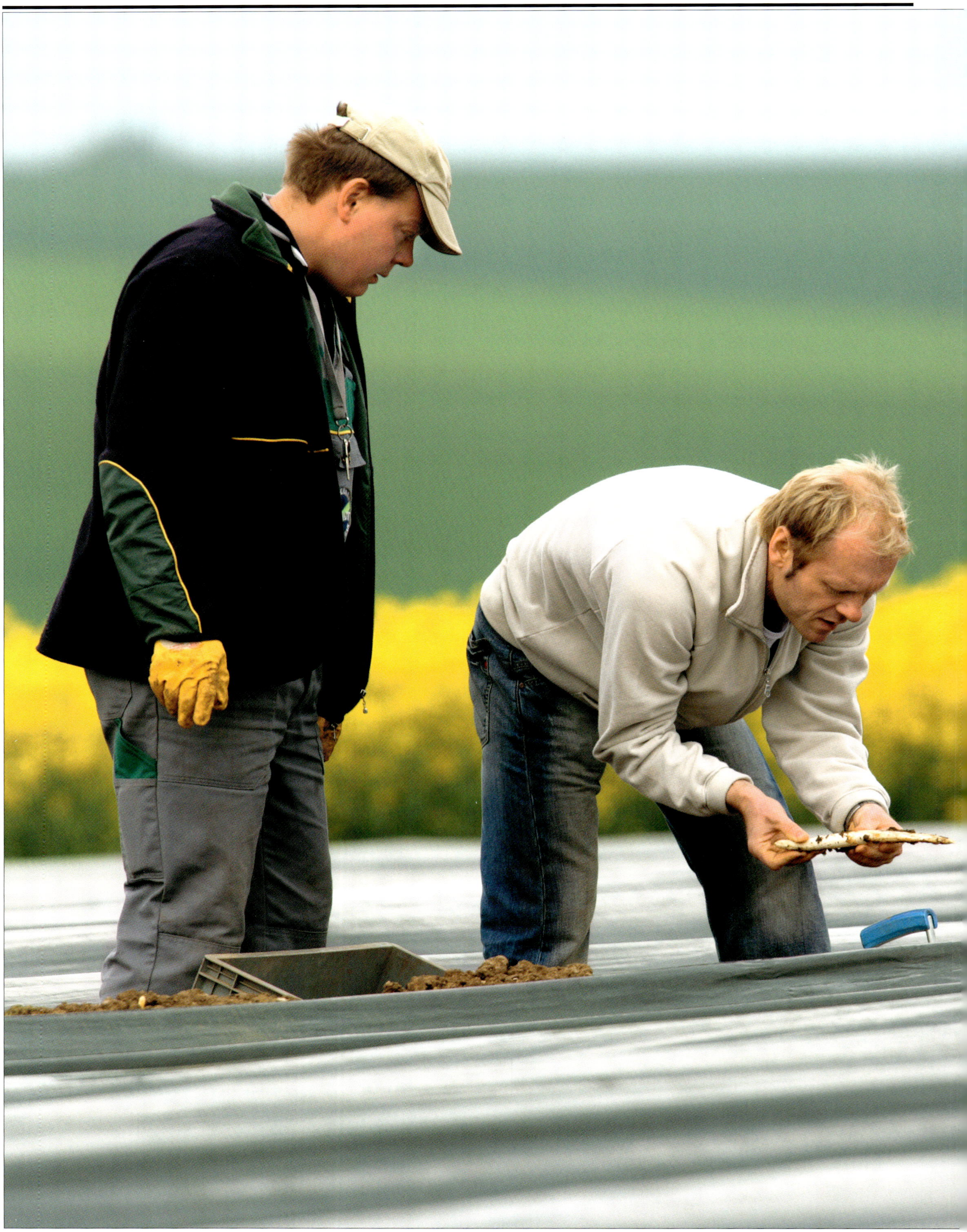

THÜRINGISCHE UND NIEDERBAYRISCHE GERICHTE

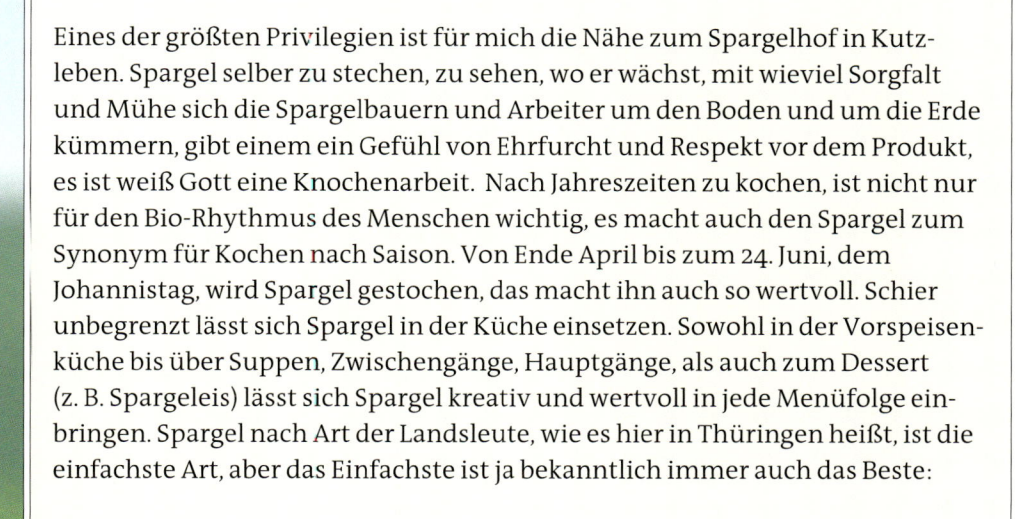

Eines der größten Privilegien ist für mich die Nähe zum Spargelhof in Kutzleben. Spargel selber zu stechen, zu sehen, wo er wächst, mit wieviel Sorgfalt und Mühe sich die Spargelbauern und Arbeiter um den Boden und um die Erde kümmern, gibt einem ein Gefühl von Ehrfurcht und Respekt vor dem Produkt, es ist weiß Gott eine Knochenarbeit. Nach Jahreszeiten zu kochen, ist nicht nur für den Bio-Rhythmus des Menschen wichtig, es macht auch den Spargel zum Synonym für Kochen nach Saison. Von Ende April bis zum 24. Juni, dem Johannistag, wird Spargel gestochen, das macht ihn auch so wertvoll. Schier unbegrenzt lässt sich Spargel in der Küche einsetzen. Sowohl in der Vorspeisenküche bis über Suppen, Zwischengänge, Hauptgänge, als auch zum Dessert (z. B. Spargeleis) lässt sich Spargel kreativ und wertvoll in jede Menüfolge einbringen. Spargel nach Art der Landsleute, wie es hier in Thüringen heißt, ist die einfachste Art, aber das Einfachste ist ja bekanntlich immer auch das Beste:

Thüringische und niederbayrische Gerichte:
Spargel nach Art der Landsleute

Zutaten:

pro Person 250 g Spargel
250 g klare ausgelassene Butter
neue Frühkartoffeln
Salz

Kümmel
Zitrone
Butter
Zucker

Zubereitung:

Den Spargel schälen, die Schale für den ersten Fond-Ansatz verwenden. Den Ansatz eine halbe Stunde ziehen lassen. Nach dem Auskochen der Schalen, den Fond durch ein Sieb schütten. Den Fond mit Zitrone, Salz, Zucker und Butter würzen. In den Fond nun die Stangen bei leichtem Köcheln bissfest kochen. In der Zwischenzeit die Frühkartoffeln in Salzwasser mit Kümmel kochen. Die Butter warm machen und löffelweise über den Spargel geben.

Tipp:

Die Frische des Spargels erkennt man am Anschnitt, denn der muss noch saftig sein, darf also nicht ausgetrocknet sein. Warten Sie bei aller Verführung durch spanischen oder griechischen Spargel im Frühjahr auf den deutschen Spargel, er ist unvergleichlich im Geschmack! Weißer Spargel aus Deutschland ist ein weltweit anerkanntes Qualitätssiegel!

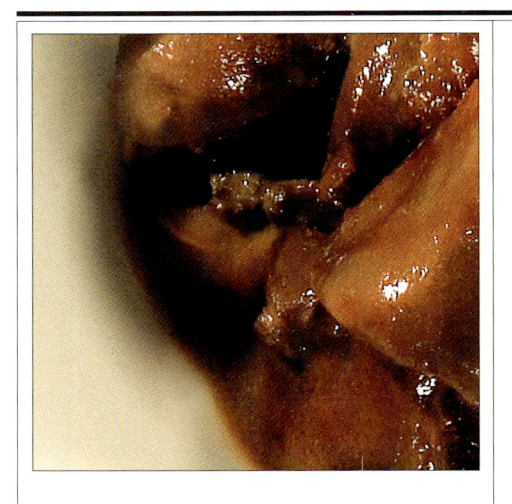

Thüringische und niederbayrische Gerichte:
Feldhasenpfeffer mit Semmelknödel

Zutaten:

4 Hasenkeulen
200 ml roter Portwein
100 ml Madeira
500 ml roter Burgunder
500 g Wurzelgemüse
(Karotten, Lauch, Sellerie,
Petersilienwurzel, Zwiebel)
2 Lorbeerblätter
1 Tomate
2 EL Tomatenmark
1 l Geflügelbrühe
5 Nelken
5 Wacholderbeeren
Öl zum Braten

Zubereitung:

Die Hasenkeulen gut von allen Seiten mit Salz und weißem Pfeffer würzen. In heißem Öl anbraten. Fleisch herausnehmen. Das vorher geputzte und in Würfel geschnittene Gemüse dazu geben und unter Zugabe von Tomatenmark anrösten. Mit Portwein und Madeira immer wieder ablöschen.
Zum Schluss mit dem Burgunder und dem Geflügelfond auffüllen.
Die Hasenkeulen in die Soße legen und weich kochen. Eine halbe Stunde vor Garende die Gewürze dazugeben.
Sobald sich das Fleisch von den Knochen löst, aus der Soße herausnehmen. Etwas abkühlen lassen und das Fleisch anschließend von allen Gemüserückständen, Haut und Sehnen befreien. Das schiere Fleisch vorsichtig in kleine Würfel schneiden. Die Soße passieren und evtl. mit etwas angerührter Speisestärke abziehen. Das Fleisch in die fertig abgebundene Soße geben.

Tipp:

Beim Original-Hasenpfeffer wird zum Schluss die Soße mit dem Hasenblut abgebunden. Dabei ist es wichtig, dass die Soße nicht mehr kocht. Durch das Hasenblut bekommt die Soße eine unvergleichliche Eleganz, Glanz und Geschmack.

In meiner Heimat gibt man zum Feldhasen immer einen Semmelknödel oder schöne angeröstete Butterkartoffeln.

THÜRINGISCHE UND NIEDERBAYRISCHE GERICHTE

Feldhasenpfeffer mit Semmelknödel

Gefüllte Kalbsrouladen

Thüringische und niederbayrische Gerichte: Gefüllte Kalbsrouladen

Zubereitung:

Die Kalbsschnitzel mit einer Klarsichtfolie abdecken und leicht plattieren, mit Salz und Pfeffer würzen. Auf die gewürzten Fleischscheiben je 1 Scheibe Schinken legen, darauf das Mangoldblatt. Jetzt das Kalbsbrät mit dem pochierten Kalbsbries vermengen, gehackten Kerbel unterziehen und auf dem Mangoldblatt verteilen und zum Röllchen formen. Die Kalbsfleischröllchen mit einem Bindfaden verknüpfen.

Die Rouladen von allen Seiten gut anbraten, herausnehmen. Speck und Wurzelgemüse in wenig Öl anbraten, Tomatenmark dazugeben und leicht mitrösten, Senf einrühren. Mit Portwein und Kalbsfond auffüllen. Die Fleischröllchen in die Soße geben und weich kochen.

Die Soße passieren, mit Sahne und Estragon verfeinern. Wenn nötig, mit etwas angerührter Stärke abziehen.

Tipp:

Mit Feldsalat und Butterspätzle ein Gedicht!

Zutaten:

4 Scheiben Kalbfleisch (vorwiegend von der Oberschale oder Nuss)
300 g Kalbsbries
100 g Kalbsbrät oder Geflügelfarce
4 Blatt Mangold
1 Bd. Kerbel
4 Scheiben gekochter Schinken
Salz
weißer Pfeffer aus der Mühle

Für die Soße:

150 g Wurzelgemüse (Sellerie, Karotten, Lauch, Schalotten, Petersilienwurzeln)
80 g geräucherter Speck
1 EL Tomatenmark
1 l Kalbs- oder Geflügelfond
1 EL Senf
1/2 l Sahne
Estragon
1/2 l roter Portwein

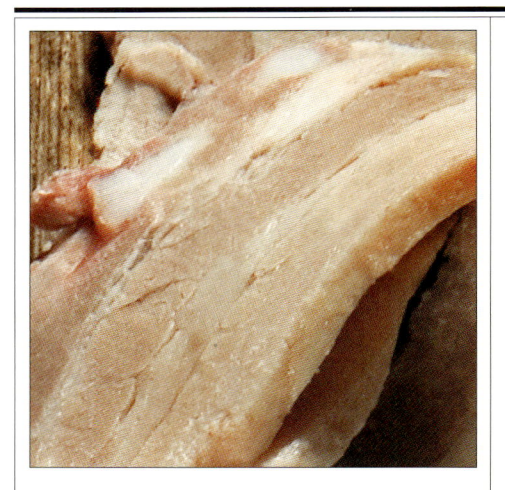

Thüringische und niederbayrische Gerichte:
Schlachtschüssel mit Leber- und Blutwürstchen

Eine rechte Sauerei ist das mit dem Schlachten. Als kleiner Bub weiß ich es noch, als mein wohlbeleibter Onkel, der Bader Sepp, zu uns zum Schlachten kam. Schon beim Öffnen der Saustalltür wusste die ausgesuchte Sau, dass der Besuch ihr galt. Mit viel Geschrei und Geschimpfe zerrte der Bader Sepp, meistens mit Hilfe meiner Mutter, die Sau aus ihrem Stand hinaus in den Hof, wo sie dann mit einem Bolzenschuss betäubt wurde.

Ich musste dann, sobald die Sau gestochen wurde, das Blut mit einem Eimer auffangen und rühren, damit es nicht gerinnt.

Eine rechte Sauerei war das Baden und Entfernen der Borsten mit Saupech. In der Zwischenzeit musste der Waschkessel geheizt werden, um Saukopf, Zunge und Herz für die Blut- und Leberwürste zu kochen.

Ein bekannter bayrischer Kochbuchautor und Fernsehredakteur war der Enghofer Pauli, der oft bei uns zu Besuch war. Er ging damals auf die Dörfer zu den Bäuerinnen, Wirtinnen und Pfarrersköchinnen und sammelte alte Rezepte.

Über Leber- und Blutwurst schrieb er damals:

»Die zwei gehören zusammen, wie Max und Moritz. Sie müssen miteinander sterben und sind auch miteinander auf die Welt gekommen. Ihre Mutter ist eine geborene Saukopf, vom Vater haben sie ihr gutes Herz.«

Um der ganzen Sauerei zu entgehen, holt man sich die Würste am Besten von seinem eigenen Dorf-Metzger.

Aber ohne Sauerkraut keine Schlachtschüssel.

Sauerkraut

Zutaten:	Zubereitung:
3 Weißkrautköpfe pro Weißkrautkopf ca. 20 g Salz Pfefferkörner Lorbeerblatt Kümmel Wacholderbeeren Spritzer Essig	Die Krautköpfe von oben nach unten durchschneiden und dann in handliche Stücke schneiden, bis man sie mit einem Kraut- oder Gurkenhobel in feine Streifen hobeln kann. Das Kraut schichtweise unter Zugabe der vorbereiteten Gewürzmischung in ein Steingutgefäß schichten, dabei mit einem Kartoffelstampfer oder mit der Hand das Kraut stampfen, bis sich Saft bildet. Anschließend einen passenden Holzteller darauf legen und beschweren. Das Gefäß an einen kühlen Ort stellen und schon nach vier, fünf Tagen kann man das eigene Sauerkraut essen.

THÜRINGISCHE UND NIEDERBAYRISCHE GERICHTE

Schlachtschüssel mit Leber- und Blutwürstchen

Thüringische und niederbayrische Gerichte:
Schulterkrustenbraten vom Spanferkel

Zubereitung:	Zutaten:
Die Haut der Spanferkelschulter mit einem scharfen Messer einschneiden. Jetzt ist es besonders wichtig, dass man die Schulter von allen Seiten gut mit Salz, frisch gemahlenem weißen Pfeffer und Knoblauch einreibt. Das gut gewürzte Fleisch legt man jetzt auf das Gemüse-Kartoffelbett. Die Kartoffeln vorher schälen und in Viertel schneiden. Das Wurzelgemüse in gefällige Stücke schneiden und mit den Kartoffelvierteln vermengen. Am besten bereitet man die Schulter in einem richtigen Bräter zu. In Niederbayern sagt man dazu Rheine. Die Spanferkelschulter gibt man jetzt ins Backrohr und lässt es bei ca. 180 °C ca. 2 Stunden braten. Dazwischen gießt man immer mit etwas Wasser und zum Schluss etwas Bier auf.	1 Spanferkelschulter 500 g Wurzelgemüse (Möhren, Sellerie, Zwiebel, Lauch, Knoblauch) 500 g Kartoffeln 1 Fenchel 1 EL Kümmel 1 Bd. Majoran Salz weißer Pfeffer

Thüringische und niederbayrische Gerichte:
Niederbayrische Bauernente mit Dörrobstsemmelfüllung

Niederbayrische Bauernente mit Dörrobstsemmelfüllung

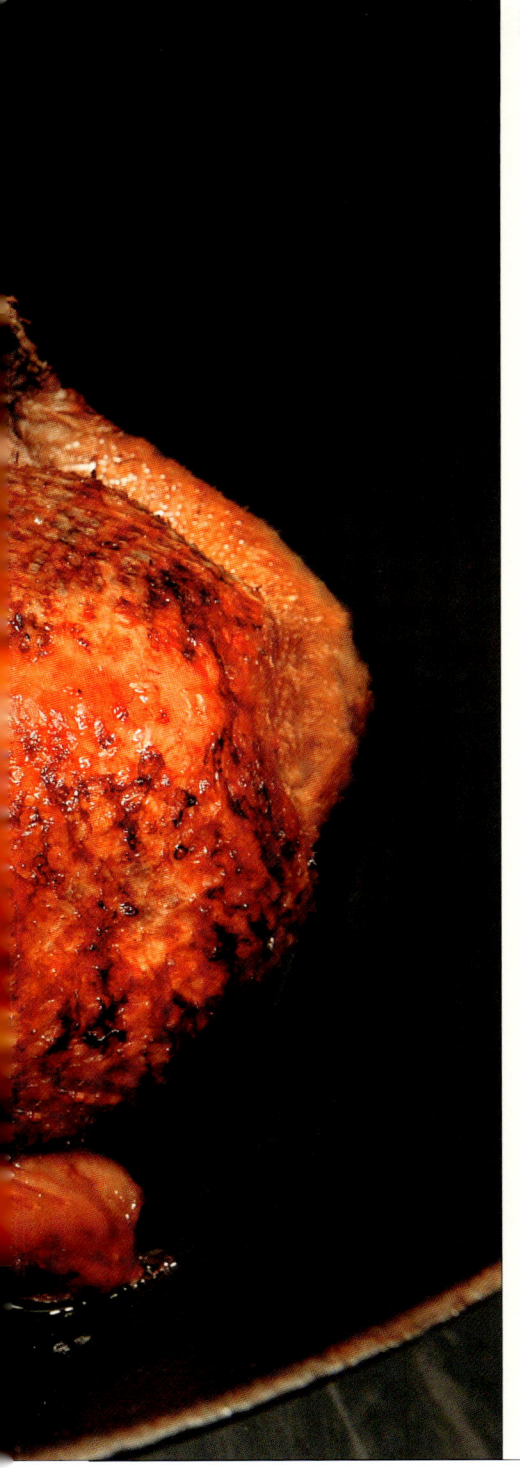

Zubereitung:

Den Ofen auf ca. 160 °C vorheizen. Die Flügelknochen der Ente und den Hals klein hacken und in der Braisere bräunen lassen. Das vorgeputzte und klein geschnittene Wurzelwerk und den Apfel dazu geben und mit anbräunen. In der Zwischenzeit die Ente säubern, trocknen, mit Salz und Pfeffer aus der Mühle würzen.
Die Semmeln klein schneiden, mit Salz, Pfeffer und Muskat würzen. Die heiße Milch und die Eier dazu geben und gut vermengen.
Die Trockenfrüchte, Petersilie, Zwiebeln und Innereien klein schneiden – in Butter anschwitzen und auf die Semmelfüllung geben, gut vermengen.
Die Semmelfüllung in die Ente füllen und gut zunähen. Die vorbereitete Ente auf das Wurzelgemüse geben. Mit 1/2 Liter Wasser auffüllen und ca. 1 1/2 Stunden bei 160 °C braten. Die letzten 10 Minuten den Ofen auf 180 °C hoch heizen. Ab und zu mit Bratensaft übergießen. Nach dem Braten die Ente auslösen und das Fleisch warm stellen.
Die Knochen klein hacken und nochmals auf das Blech geben und mitkochen. Die Soße abpassieren und mit Speisestärke abziehen.

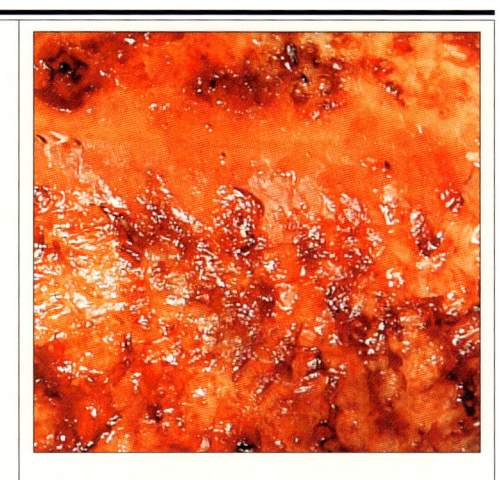

Zutaten:

1 Bauernente ca. 2,5 kg
Salz
weißer Pfeffer aus der Mühle
1 Apfel
2 Zwiebeln
1/2 Knolle Sellerie
Beifuß, Rosmarin

Für die Füllung:

5 altbackene Semmeln
Salz
weißer Pfeffer aus der Mühle
1 Päckchen Trockenfrüchte
1 Zwiebel
Petersilie
Innereien der Ente
(Leber, Magen, Herz)
1/2 l heiße Milch
4 Eier

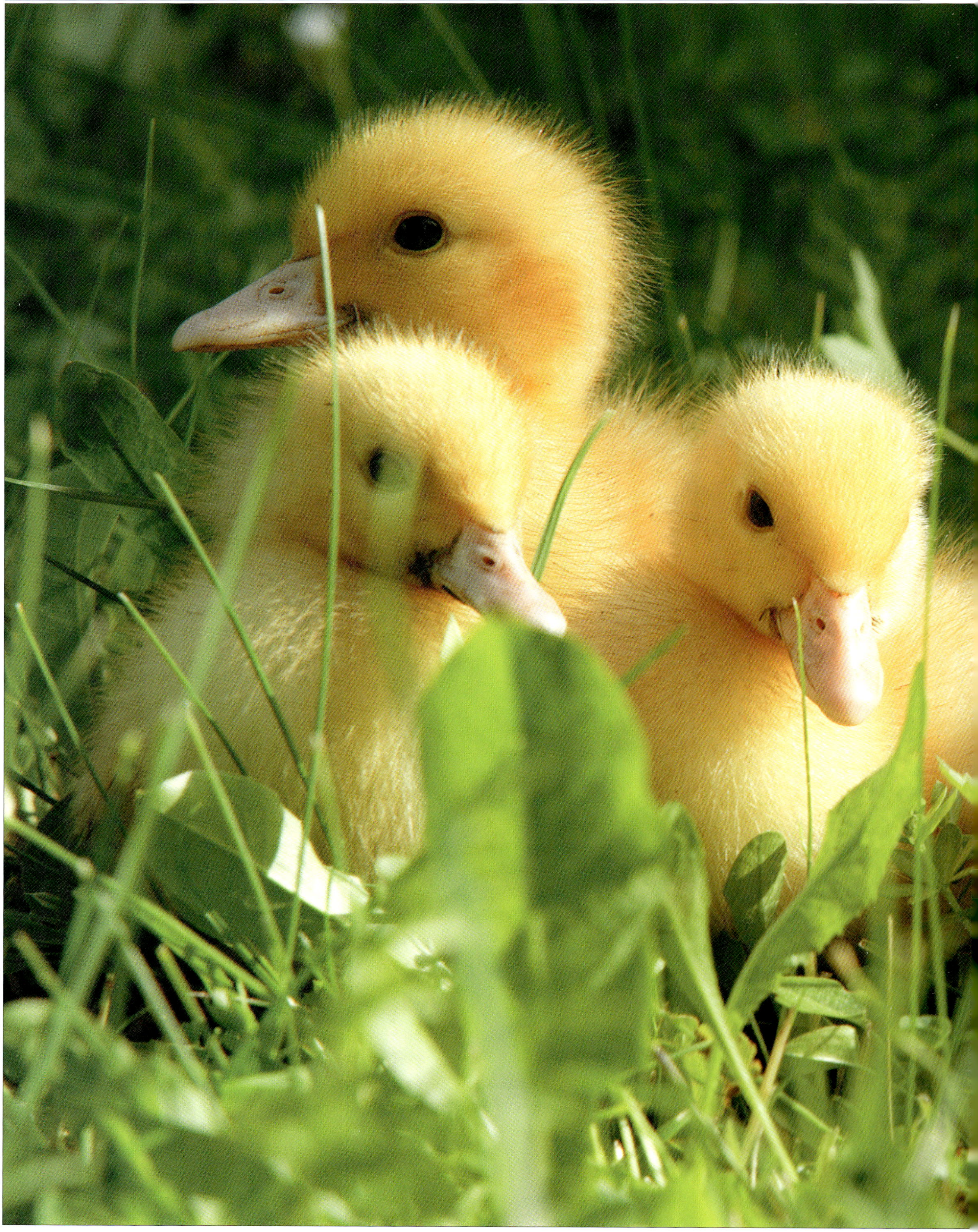

THÜRINGISCHE UND NIEDERBAYRISCHE GERICHTE

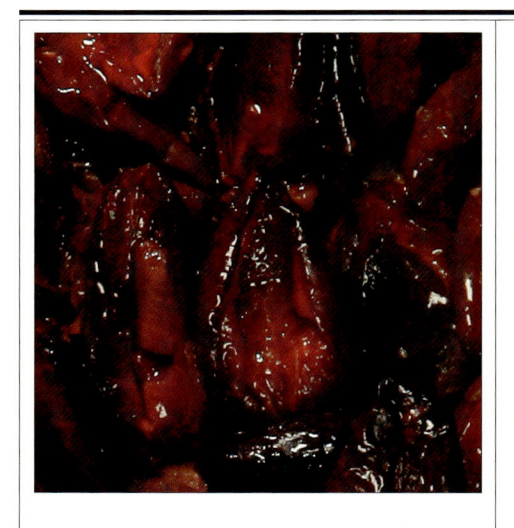

Thüringische und niederbayrische Gerichte: Zwetschgendatschi mit Vanillesahne

Zutaten:

- 500 g Mehl
- 25 g Hefe
- 200 ml lauwarme Milch
- 70 g Butter
- 70 g Zucker
- Salz
- 2 Eier
- Zwetschgen

Zubereitung:

Aus den Zutaten einen Hefeteig herstellen. Dazu Mehl in eine tiefe Schüssel geben. In die Mitte eine Vertiefung drücken und die Hefe hineinbröseln. Zucker und etwas lauwarme Milch darauf geben und mit der Hefe zu einem Brei verrühren. Zugedeckt an einem warmen Ort eine halbe Stunde ruhen lassen, bis sich der Vorteig verdoppelt hat und Blasen zeigt. Die restliche Milch, Eier und Butter in die Mehlschüssel geben und daraus einen geschmeidigen, glatten, seidigen Teig kneten, bis er Blasen wirft. Wieder an einen warmen Ort stellen und nochmals eine halbe Stunde ruhen lassen, bis die Menge sich verdoppelt hat. Den Teig auf einer Arbeitsfläche durchkneten und ausrollen. Auf ein gebuttertes Backblech legen und mit einer Gabel löchern, damit sich beim Backen keine Blasen bilden. Die Zwetschgen halbieren und entkernen. Jetzt ist es wichtig, die halbierten Zwetschgen wie die Zinnsoldaten aufzureihen. So erhält der Datschi nach dem Backen eine perfekte optische Form.

Tipp:

Nach dem Backen die Zwetschgen mit einer warmen Aprikotur einstreichen.

THÜRINGISCHE UND NIEDERBAYRISCHE GERICHTE

Zwischengerichte und Suppen:
Schwarzbrot ›De los Musicos‹

Zutaten:

500 g Weizenmehl
250 g Roggenschrot
250 g Weizenschrot
   Alles gut vermischen!
140 g Leinsamen
140 g Sesamsaat
120 g Sonnenblumenkerne

1 großer EL Salz
1/2 TL Zucker
120 g Hefe (3 Päckchen)
1 l Buttermilch
450 g Zuckerrübensirup

Zubereitung:

In die Mehlmischung ein Loch drücken, Hefe hineinbröseln, Zucker darauf streuen und mit handwarmem Wasser bedecken (knapp eine Tasse) – gehen lassen. Salz auf dem Rand verteilen. Die Buttermilch vorsichtig mit dem Rübensirup (handwarm) erhitzen und mit der Mehlmischung gut vermengen.
Die sehr flüssige Masse in eine gefettete Kastenform geben.
3 Stunden bei 170–180 °C backen. Wenn es oben schwarz ist, ist es richtig!

Thüringische und niederbayrische Gerichte:
Zwetschgen-Holunderkompott mit gebackenen Pavesen und glacierten Birnen

Zutaten:

reife Holunderbeeren
einige Zwetschgen
2 Williams Birnen
150 ml roter Portwein
100 ml schwarzer Johannisbeersaft
100 g Zucker
Schale einer halben Orange
und einer halben Zitrone
2 Nelken
1/2 Zimtstange
1/2 Vanillestange
4 Toastscheiben oder
1 Semmel vom Vortag
2 Eier
50 ml Sahne
4 EL Zwetschgenmus
4 cl Zwetschgenwasser

THÜRINGISCHE UND NIEDERBAYRISCHE GERICHTE 147

Zubereitung:

Den Zucker in einem weiten flachen Topf zum Schmelzen bringen und leicht karamellisieren. Mit Portwein und schwarzem Johannisbeersaft ablöschen. Leicht köcheln, dabei löst sich der Zucker völlig auf. Jetzt die Nelken, Zimt- und Vanillestange dazugeben und aufkochen. Mit etwas angerührter Speisestärke leicht abziehen. Nun bildet sich der charakteristische Glanz, Geschmack und die Konsistenz. Die sauber gewaschenen Holunderbeeren und die halbierten Zwetschgen in den Fond geben und einmal kurz aufkochen lassen. Schale einer halben Zitrone und Orange dazugeben – abkühlen lassen. Für die Pavesen den Toast mit einem runden Ausstecher ausstechen. Mit einem scharfen, feinen Messer eine Tasche in die Scheibe schneiden.
Mit Zwetschgenmus füllen und zuklappen. 2 Eier und Sahne verquirlen, die gefüllte Toastscheibe in der Sahne-Ei-Mischung wenden und in heißem Butterschmalz goldgelb ausbacken. Man kann sie anschließend in Zimt und Zucker wälzen.
Die Birnen schälen, in Spalten schneiden und in wenig Butter und Zucker glacieren.

Tipp :

Hervorragend passt zu diesem Dessert das Tonkabohneneis oder nur ein Löffel geschlagene süße Sahne mit Puderzucker bestreut.

Thüringische und niederbayrische Gerichte:

Der feine altdeutsche Apfelkuchen

Sein Geheimnis ist seine Schlichtheit

Zutaten:

200 g Mehl
125 g Butter
125 g Zucker
3 EL Milch
ein paar Spritzer Zitronensaft
2 gestrichene TL Backpulver
3 Eier
1 Prise Salz

Zubereitung:

Die Butter und den Zucker schaumig schlagen; Milch, Eier (Zimmertemperatur) und anschließend Mehl und Backpulver vorsichtig unterrühren. Prise Salz nicht vergessen.
Die Äpfel schälen und vierteln; ganz fein einschneiden und mit dem Zitronensaft beträufeln, damit sie nicht braun werden.
Springform fetten; den Teig darin auslegen und die Äpfel kreisförmig auflegen.
Ofen auf 200 °C vorheizen und den Kuchen bei 160 °C Umluft ca. 40–50 Minuten goldbraun backen.

THÜRINGISCHE UND NIEDERBAYRISCHE GERICHTE

FEINSCHMECKERRESTAURANT »DIE POSTHALTEREI«

Dessert

Dessert:
Aprikosensülzchen

Zutaten:

Martini-Wodka-Gelee:
 200 ml Martini Dry
 200 ml Prosecco
 150 ml weißer Portwein
 7 Blatt Gelatine
 4 cl Rohrzuckersirup
 50 g Zucker
 6 cl Wodka

Aprikosenmousse:
 4 Aprikosen
 30 g Butter
 1 TL Honig
 100 ml Aprikosensaft
 2 cl Aprikosenlikör
 5 Blatt Gelatine
 100 g geschlagene Sahne

Zubereitung:

Martini-Wodka-Gelee:
Martini dry, Prosecco, weißer Portwein, Rohrzuckersirup und Zucker einmal aufkochen. Die vorher in kaltem Wasser eingelegte Gelatine gut ausdrücken und in den Fond geben. Zum Schluss den Wodka unterrühren.

Aprikosenmousse:
Die Aprikosen klein schneiden und in Butter und Honig glacieren. Mit Aprikosensaft und Aprikosenlikör ablöschen und aufkochen. Anschließend mit einem Stabmixer gut pürieren.
Die vorher in kaltem Wasser eingelegte und gut ausgedrückte Gelatine unterrühren. Die Masse handwarm auskühlen lassen – die geschlagene Sahne unterheben.

Aprikosensülzchen:
Eine Terrinenform (Dachrinnenform) für eine halbe Stunde ins Eisfach stellen. Die gut angefrorene Form mit dem Martini-Wodka-Gelee auffüllen und sofort ins Eisfach zurückstellen. Nach 2 Minuten das noch flüssige Gelee aus der Form kippen. So bildet sich eine um die Form gehende Geleeschicht. Jetzt nach und nach das Aprikosenmousse und das Martini-Wodka-Gelee einfüllen.

DESSERT

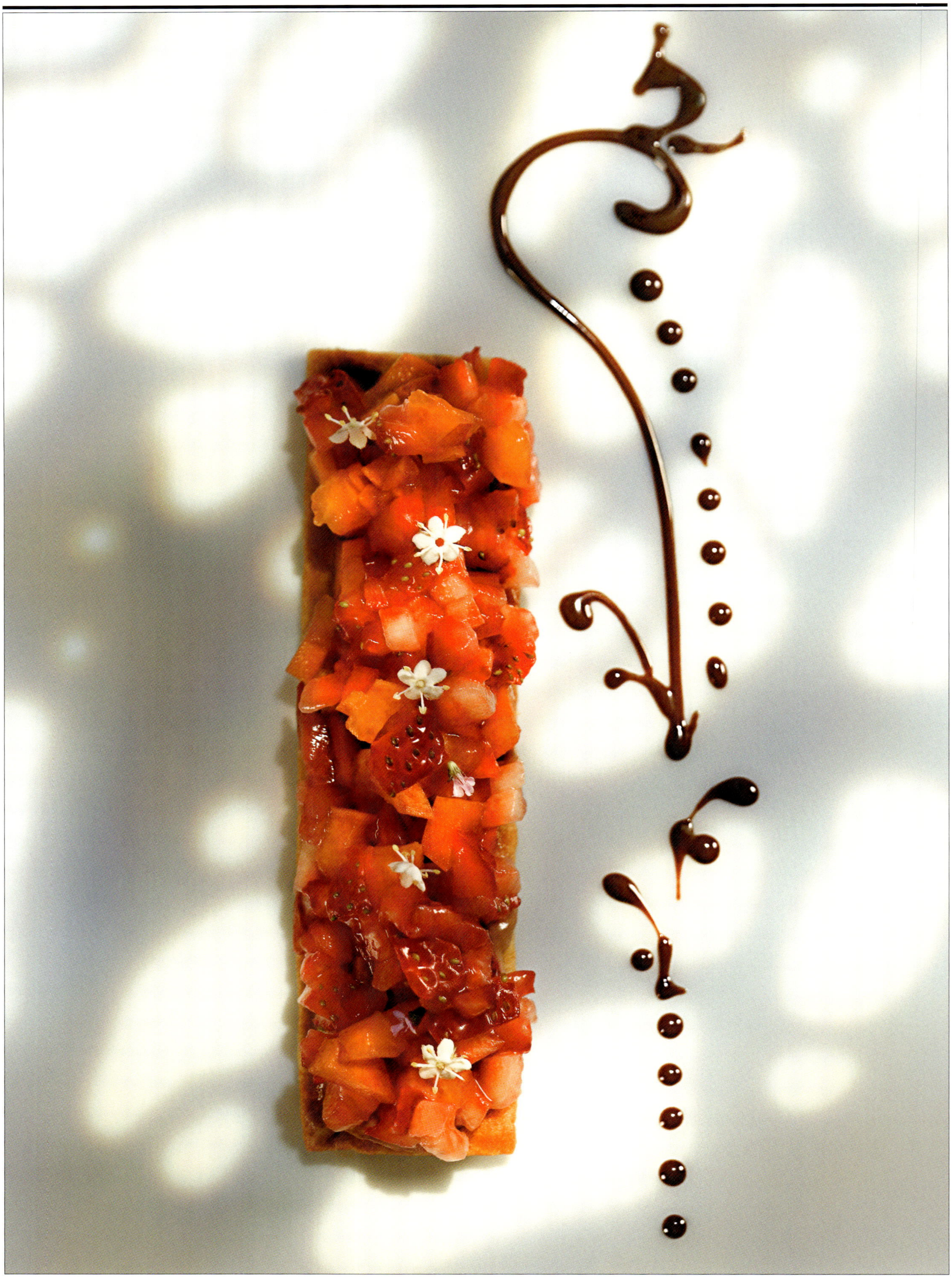

Dessert: Mandelkrokant mit Walderdbeeren

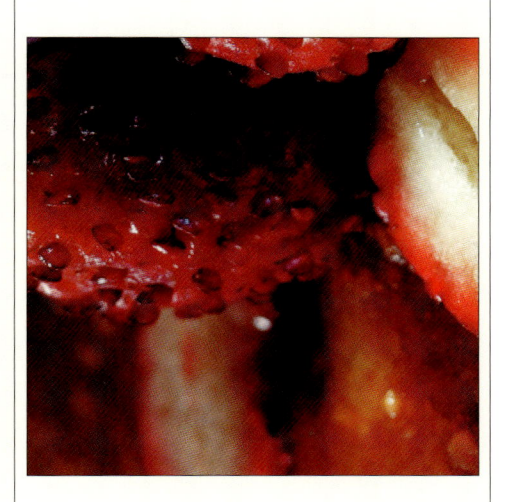

Das Wichtigste ist, den Zucker möglichst dünnflüssig zu schmelzen, damit er die Mandeln, Nüsse und andere Kerne vollständig umhüllt, ohne dabei zu dunkel zu werden. Hilfreich ist dabei der Zusatz von Zitronensaft (4 EL auf 1 kg Zucker) oder Glucosesirup (maximal 10 %). Das Verhältnis von ganzen Mandeln (Nüssen, Kernen) zu Zucker ist 1:1. Werden gehobelte, gehackte oder geriebene Mandeln (Nüsse) verwendet, dann ändert sich das Verhältnis auf 1:2, bedingt durch die Vergrößerung der Oberfläche.

Krokant kochen:

Die Hälfte des Zuckers mit dem Zitronensaft erhitzen. Die Flamme darf nicht größer als der Zuckerspiegel sein, sonst würde er zum Rand dunkel werden oder verbrennen. Erst wenn der Zucker fast geschmolzen ist, den restlichen Zucker in 2 bis 3 Portionen zugeben, damit er sich schnell auflöst, ohne dunkel zu werden. Immer darauf achten, dass die Flamme kleiner als der Zuckerspiegel ist. Kochen, bis der Zucker völlig geschmolzen ist, aber nicht dunkel wird. Die gehobelten Mandeln etwas anwärmen, in den geschmolzenen Zucker geben und sofort unterrühren bis sie vollständig vom Zucker umhüllt sind. Auf die mit neutralem Pflanzenöl geölte Arbeitsfläche schütten und sofort etwas verteilen, damit der Krokant nicht im Ganzen abkühlt. Mit einem gut geölten Rollholz zu einer Platte rollen solange der Krokant heiß genug ist. Die Stärke der Platte wird von der späteren Verwendung bestimmt.

Den noch warmen Krokant mit einem Ringausstecher von 10 cm Durchmesser markieren bzw. ausstechen. Nach dem Erkalten die Ringe vorsichtig ausbrechen. Schichtweise mit Sahne und Waldbeeren aufrichten.

Dessert: Mandelkrustel und Nougatcreme

Zubereitung:

Mandeln mit Puderzucker gut vermischen, Eiklar aufschlagen und nach und nach Zucker einrieseln lassen. Die Mischung zu einer glatten Masse vermengen. Auf ein Blech ca. 5 mm dick aufstreichen und mit den gehackten Mandeln bestreuen.

Im Backrohr bei 160°C ca. 30 Minuten backen, anschließend auskühlen lassen. Butter, Nougat und dunkle Couvertüre vorsichtig über einem Wasserbad schmelzen und die Biskuitbrösel unterheben. Die Nougatmousse auf die Mandelkrustel verteilen.

Zutaten:

- 120 g gemahlene Mandeln
- 100 g Puderzucker
- 3 Eiklar
- 40 g Zucker
- 200 g grob gehackte und geröstete Mandeln

Nougatcreme:

- 2 EL Butter
- 350 g Nougat
- 120 g dunkle Couvertüre
- 80 g Biskuitbrösel

Dessert: Gefüllte Schokoladenträne und weißes Schokoladenmousse

Zutaten:

weißes Schokoladenmousse
200 g Couvertüre weiß
100 g Butter
2 Eigelb
80 g Zucker
1 Blatt Gelatine
500 g geschlagene Sahne

Zubereitung:

Couvertüre und Butter auflösen. Eigelb und Zucker schaumig schlagen, Eigelb-Zucker-Gemisch in die aufgelöste Couvertüre-Butter-Mischung einrühren, aufgeweichte Gelatine mit etwas Grand Manier auflösen. Dabei leicht erhitzen und unterrühren.
Zum Schluss die Sahne unterheben.

Fruchtarrangement:
Vorzugsweise frische Beeren, Mango, Papaya, Maracuja sowie Physalis und Kiwi verwenden. Die Früchte leicht mit Puderzucker überstreuen, mit etwas Zitronensaft und Grand Manier mazerieren.

Dessert:
Variationen von der Wald- und Gartenerdbeere

Erdbeereis

Zutaten:
- 400 g vollreife Wald- und Gartenerdbeeren
- 70 g Puderzucker
- Saft einer Zitrone
- 3/8 l Sahne

Zubereitung:
Erdbeeren pürieren, mit Zucker und Zitronensaft mischen. Sahne etwas anschlagen, unter das Püree rühren. Die Masse in einer Eismaschine cremig frieren.

Erdbeertörtchen

Zutaten:
- 200 g Couvertüre weiß
- 100 g Butter
- 2 Eigelb, 80 g Zucker
- 1 Blatt Gelatine
- 500 g geschlagene Sahne

Zubereitung:
Couvertüre und Butter auflösen. Eigelb und Zucker schaumig schlagen. Eigelb-Zucker-Gemisch in die aufgelöste Couvertüre-Butter-Mischung einrühren, aufgeweichte Gelatine mit etwas Grand Manier auflösen, dabei leicht erhitzen und unterrühren. Zum Schluss die Sahne unterheben. Das Schokoladenmousse in ein Timbale füllen und mit Erdbeeren belegen.
Dann mit rotem Gelee auffüllen. Fest werden lassen.

Erdbeerterrine mit Waldmeister

Zutaten:
- 125 g vollreife Walderdbeeren
- 70 g Puderzucker
- Saft einer halben Zitrone
- 5 Blatt Gelatine
- 2 cl Grand Manier
- 200 g geschlagene Sahne
- 1 Sträußchen Waldmeister

Zubereitung:
Walderdbeeren pürieren, mit Puderzucker und Zitronensaft mischen. Die Gelatine ca. 10 Minuten in kaltem Wasser einweichen, gut ausdrücken, mit Grand Manier erhitzen und unter die Erdbeermasse rühren. Zum Schluss die geschlagene Sahne unterheben. Den Waldmeister hacken und unter die Masse rühren.

Erdbeermousse im Schokoladentimbale

Zutaten:
- 125 g vollreife Erdbeeren
- 70 g Puderzucker
- Saft einer halben Zitrone
- 2 Blatt Gelatine
- 2 cl Grand Manier
- 200 g geschlagene Sahne

Zubereitung:
Erdbeeren pürieren, mit Puderzucker und Zitronensaft mischen. Die Gelatine ca. 10 Minuten in kaltem Wasser einweichen, gut ausdrücken, mit Grand Manier erhitzen und unter die Erdbeermasse rühren.
Zum Schluss die geschlagene Sahne unterheben.

DESSERT

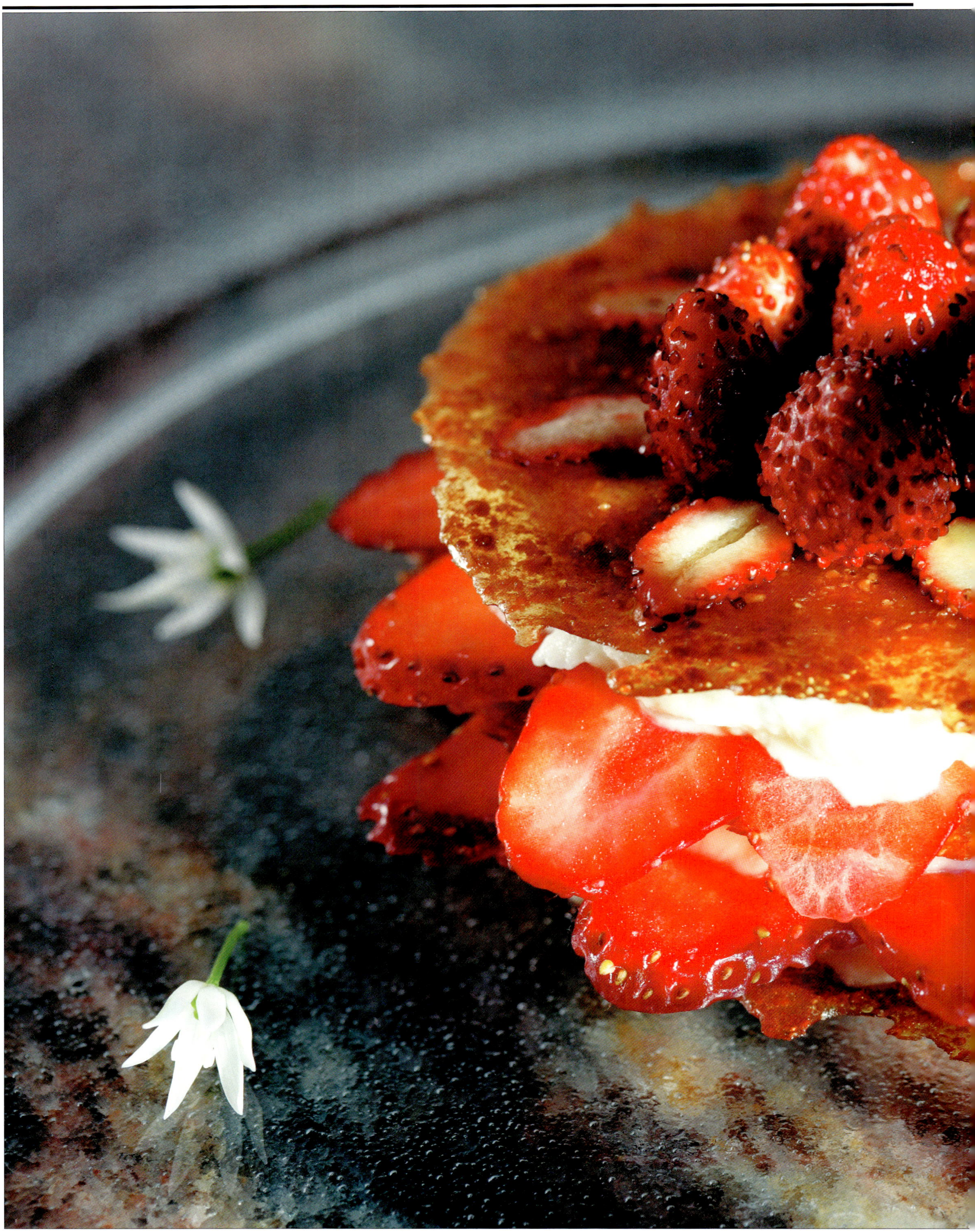

DESSERT

Tipp:

Strudelteig oder Nudelteig nach der Ruhepause nicht mehr kneten, sonst verspannt er sich wieder und er muss nochmals ruhen.

Dessert: Schokoladenstrudel mit Nüssen, Punschsabayon und Vanilleeis

Zutaten:

Strudelteig:
- 250 g Mehl, Salz
- ca. 120 ml lauwarmes Wasser
- 1 EL Öl, 1 Spritzer Essig, 1 Eigelb

Punschsabayon:
- 4 Gläser Punsch
- 2 Eigelb, 50 g Honig
- Zitronenabrieb
- 4 cl Aprikosensirup

Schokoladen-Mandelfüllung:
- 150 g Butter
- 150 g bittere Couvertüre
- 50 g Marzipan-Rohmasse
- 1 Vanilleschote
- etwas Salz
- 6 Eigelb
- 6 Eiweiß
- 80 g Zucker
- 200 g Mandeln gehobelt

Zubereitung:

Strudelteig:
Das Mehl auf eine Arbeitsfläche sieben. In die Mitte eine Vertiefung drücken und das Eigelb, Salz, einen Spritzer Essig und das Öl hinein füllen. Jetzt langsam unter Zugabe von Wasser aus der Vertiefung heraus einen geschmeidigen Teig kneten. Zu einer Kugel formen (der Fachmann sagt schleifen), mit Klarsichtfolie abdecken und mindestens eine halbe Stunde ruhen lassen.

Schokoladen-Mandelfüllung:
Die Butter mit der Marzipan-Rohmasse, Vanilleschote, Salz und den Eigelben gut aufschlagen. Nach und nach die warme Couvertüre unterrühren. Das Eiweiß mit dem Zucker steif schlagen und beide Massen miteinander verrühren. Zum Schluss die Mandeln unterheben. Den Strudelteig jetzt nicht mehr kneten, sondern gleich ausziehen und auf ein vermehltes Leinentuch legen. Die Füllung aufstreichen, aufrollen, auf ein Blech legen und für ca. 45 Minuten im Backrohr backen.

Sabayon:
Die Eigelbe mit dem Honig und dem Zitronenabrieb verrühren. Den Aprikosenlikör dazugeben und über einem Wasserbad aufschlagen, bis sich eine schöne luftige Konsistenz ergibt. Die aufgeschlagene Sabayon auf einen weißen Punsch geben und zum Strudel reichen.

Dessert:
Topfenknödel und Aprikosen Tonkabohneneis

Zutaten:

Topfenknödel:
- 10 Scheiben Toastbrot
- oder 5 Semmeln vom Vortag
- 200 g Quark oder Topfen
- (gut abgehangen)
- 1 EL Zucker
- Salz
- 120 g Butter
- 175 g saure Sahne oder Schmand
- 4 Eier
- 100 g Mehl

Aprikosenragout:
- 4 Aprikosen
- 30 g Butter
- 1 TL Honig
- 100 ml Aprikosen- oder Orangensaft
- 2 cl Aprikosenlikör

Aprikosensabayon:
- 2 Eigelbe
- 4 cl Aprikosenlikör
- 30 g Zucker

Tonkabohneneis:
- 125 ml Milch
- 125 ml Sahne
- 60 g Zucker
- 4 Eigelbe
- 2 Tonkabohnen

Zubereitung:

Das Toastbrot entrinden und in feine Würfel schneiden, mit dem Quark gut vermengen. Dazu Zucker, Salz und die flüssige Butter geben. Die saure Sahne mit den Eiern verrühren und unter die Topfenmasse ziehen. Zum Schluss das gesiebte Mehl unterheben. Den Teig eine halbe Stunde ziehen lassen und dann daraus kleine Knödel formen. Die Aprikosen in Spalten schneiden und in Butter und Honig glacieren; mit Aprikosensaft angießen und leicht köcheln; zum Schluss mit Aprikosenlikör abrunden. Für die Sabayon die Eigelbe mit dem Zucker und dem Aprikosenlikör über einem Wasserbad zu einer schönen luftigen Konsistenz aufschlagen. Zur Zubereitung des Tonkabohneneises die Eigelbe mit einem Teil des Zuckers aufschlagen. In der Zwischenzeit Milch, Sahne, geriebene Tonkabohnen und Zucker aufkochen. Die heiße Flüssigkeit vorsichtig über die Ei-Zucker-Mischung geben. Über dem Wasserbad zur Rose schlagen. Anschließend in einer Eismaschine frieren.

Tipp:

Die Topfenknödel aus dem Wasser holen und in einer Mischung aus Semmelbrösel, Zimt und Puderzucker wälzen. Die Tonkabohnen sind in der Apotheke erhältlich.

DESSERT

Anhang

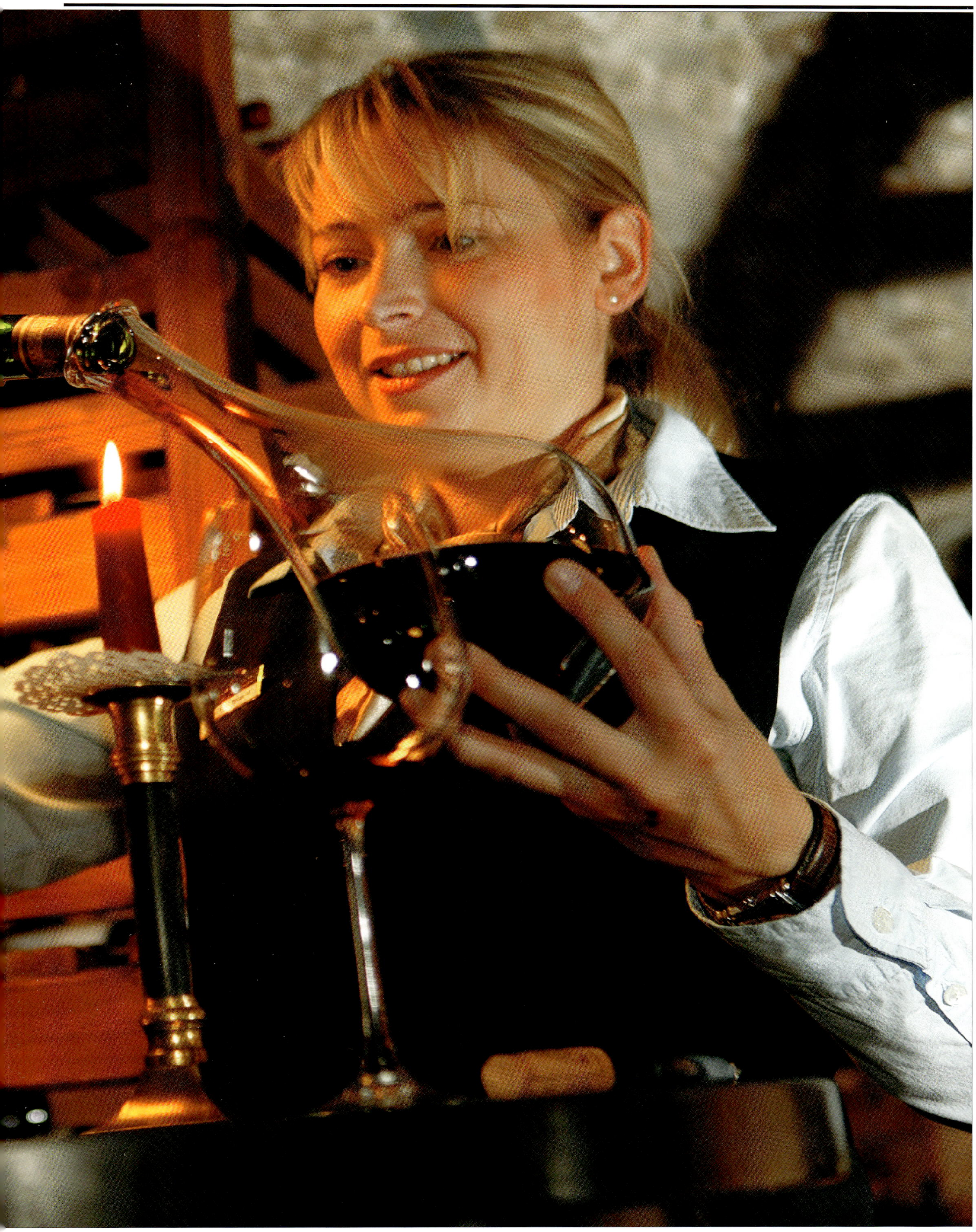

ROMANTIKHOTEL »SÄCHSISCHER HOF« MEININGEN

ANHANG

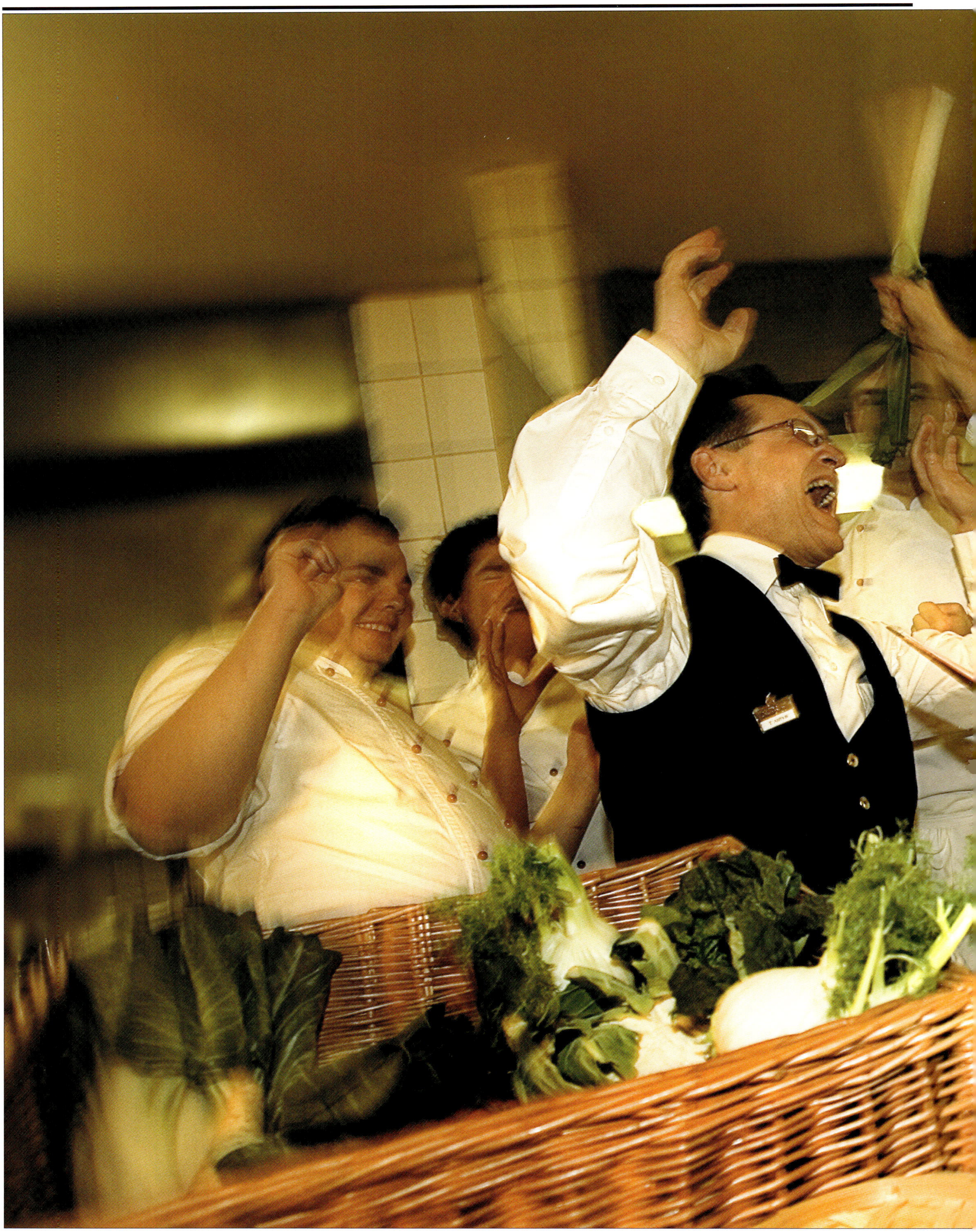

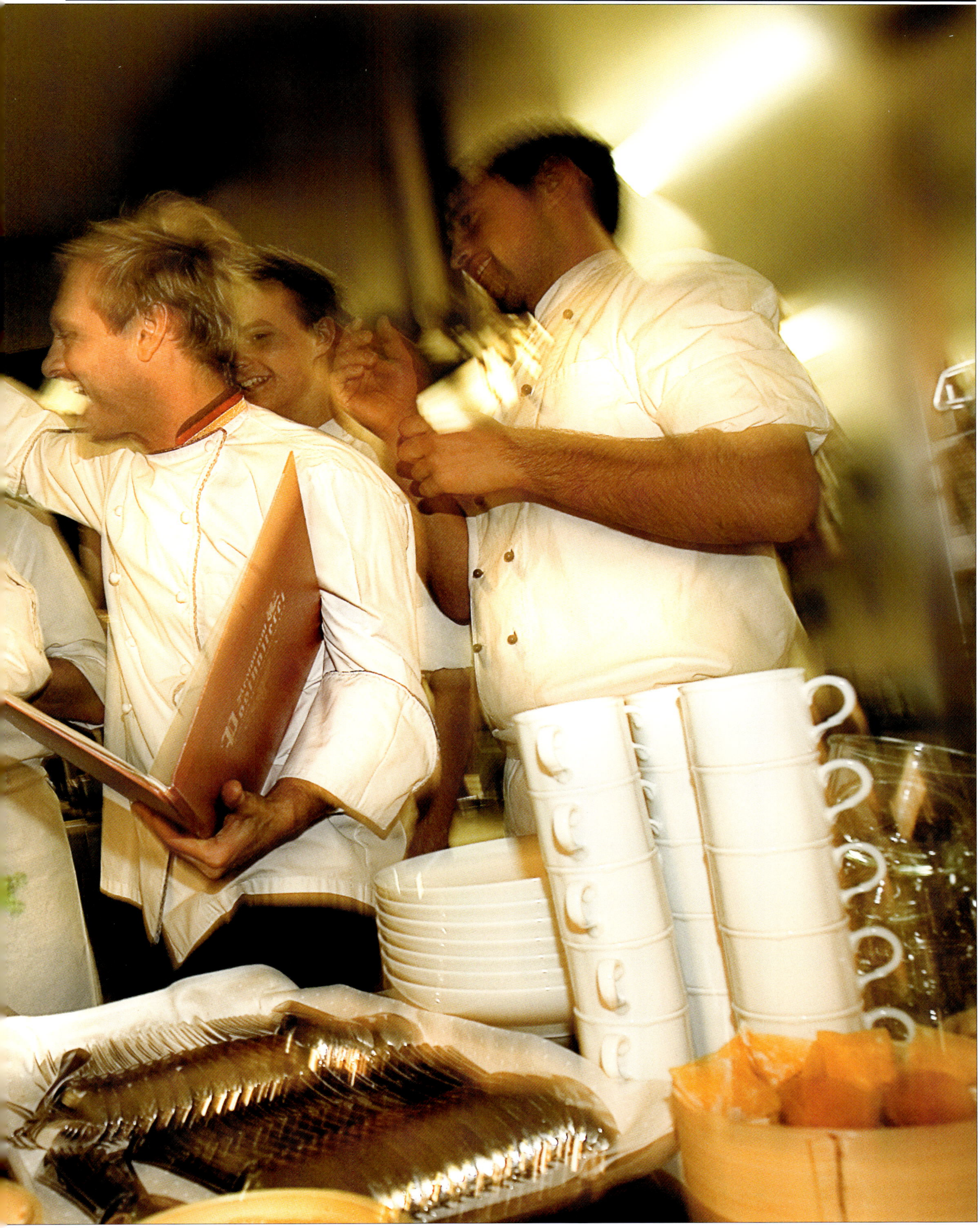

Das Meininger Theater: Spielstätte seit 1831, ein **Lichtblick** der Theater- und Musikgeschichte.
Bauherr: Herzog Bernhard Erich Freund

Wir stecken voller Energie.

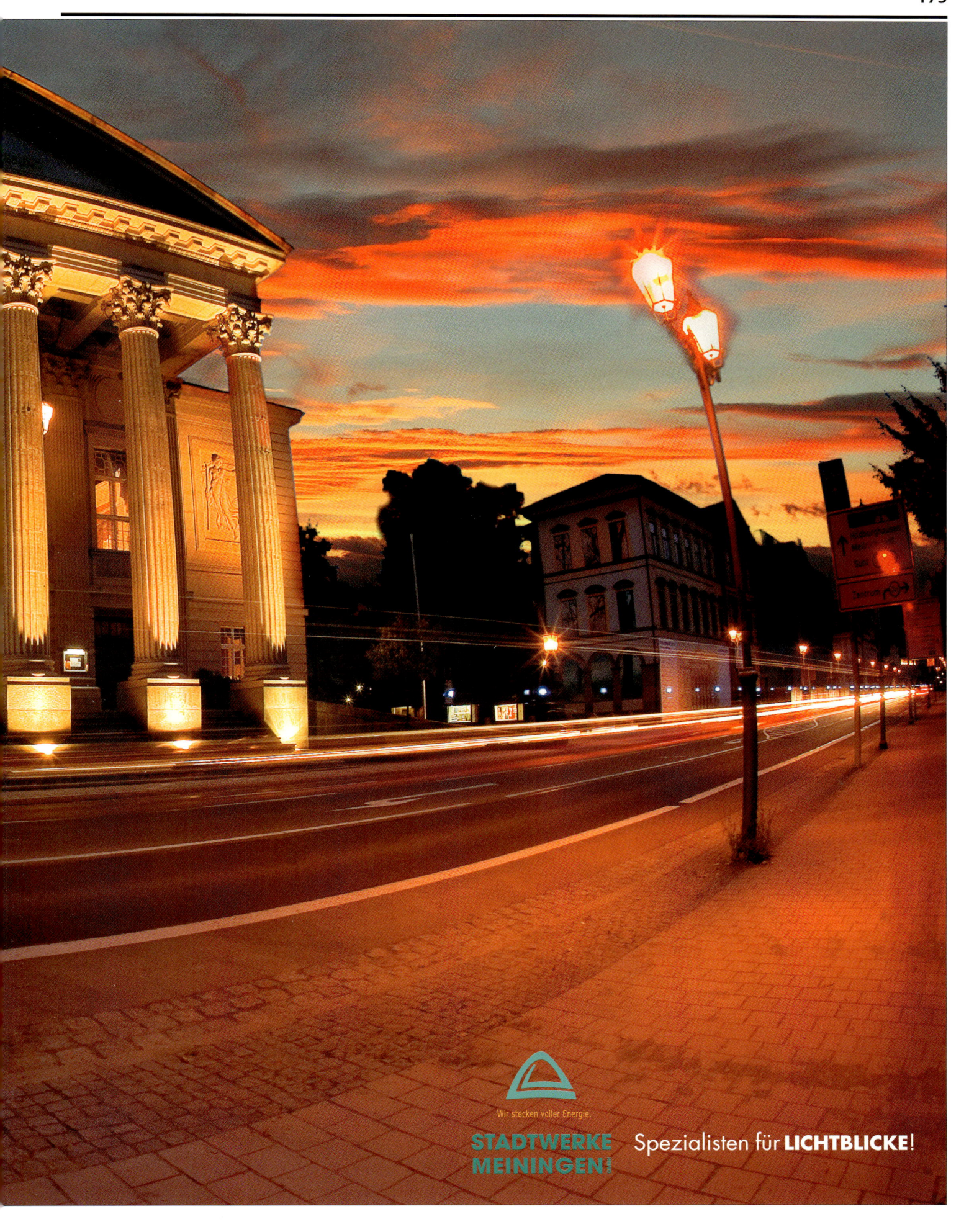

STADTWERKE MEININGEN Spezialisten für **LICHTBLICKE**!

Mein Dank dem »Sächsischen Hof«,

Zehn Jahre Romantik Hotel Sächsischer Hof liegen hinter mir. Zehn leidenschaftliche Kochjahre voller lehrreicher Erfahrungen und Begegnungen. Dieses Buch spannt seinen Bogen von der authentischen regionalen Küche bis hin zur Erlebnisküche mit all seinen kulinarischen Verführungen. Hinter mir liegen zehn Jahre, in denen ich dafür gelebt habe, die Genießerträume meiner Gäste zu verwirklichen, gleichzeitig der Wunsch, meine kulinarischen Sehnsüchte wahr werden zu lassen.

Ich danke Peter Henzel für die Zustimmung und riesige Chance, mich in seinem Hotel »Sächsischer Hof« verwirklichen zu dürfen. Riesige Anerkennung verdient mein Stellvertreter Tobias Schmidt für seine unvergesslich exakte und ideenreiche Arbeit, mit der er es versteht, das ganze Team zu motivieren und zu begeistern. Vielen Dank an das ganze Service-Team, insbesondere Thomas Asmus, der mit seiner kompetenten und herzlichen Art meine Küchen-Philosophie serviert.

Last but not least Matthias Kaiser:
Matthias Kaiser ist nicht nur ein Freund, sondern ein unverzichtbares Instrument Thüringer Gastlichkeit und Kompetenz. Nur ganz wenigen Menschen billigt er zu, »kochen« zu können! Mit ihm sogar ein Kochbuch zu machen, ist mit einer Adoption gleichzusetzen. Vielen herzlichen Dank »Mutti«!

Viel Spaß beim Nachkochen und viele sinnliche Stunden
am Herd wünscht Ihnen

Ihr *Christian Heumader*

den Firmen,

ADIB GmbH Agrar-Dienstleistungs-Industrie- und Baugesellschaft
Backwaren Edna
Deutsche See GmbH
Delta Hamburg
FM Fleischmarkt GmbH, Aschara, Bad Langensalza
Frisch Frucht Erfurt GmbH
Getränke Waldhoff Erfurt GmbH
Höhl (Osterlamm)
Leyh Frischdienst
Meininger Getränke Vertriebs GmbH
Naturfleisch GmbH Rennsteig Oberweißbach
Spargelhof GmbH & Co. KG Kutzleben
Stadtwerke Meiningen
Teehaus Ronnefeldt
Thüringer Weingut Bad Sulza
Utendorfer Bäckerei
Weingroßhandel Schmidt
Weingut Lützkendorf
Weinhof Schmidt, Gebesee

Unterstützern,

Thüringer Ministerium für Landwirtschaft, Naturschutz und Umwelt
Weimar Porzellan

und Helfern

Martina Kaiser (Setmanagement),
Marcel Mende, Lydia Kessner, Stephan Böhm, Sandy Hochmahl,
sowie
Sven Kaiser, Marc-Aurel Kaiser und Philipp Kaiser

Impressum:
© Verlag art de cuisine, Erfurt 2007
Idee: Peter Henzel
Rezepte: Christian Heumader
Fotografie: © Matthias Kaiser
Gestaltung: Gerd Haubner, Erfurt
Schriften: The Antiqua, Frutiger
Papier: Profigloss
Herstellung: Druckhaus Gera GmbH
ISBN 978-3-9811537-0-5

Auf ein Wiedersehen im

ROMANTIK HOTEL SÄCHSISCHER HOF IN MEININGEN

Georgstraße 1, D-98617 Meiningen
Telefon: 0 36 93–4 57-0, Fax: 0 36 93–45 74 01
www.saechsischerhof.com